U0946357

沈阳出版发行集团
沈阳出版社

图书在版编目（CIP）数据

草木生／刘创著．--沈阳：沈阳出版社，2018.5
ISBN 978-7-5441-9230-9

Ⅰ.①草… Ⅱ.①刘… Ⅲ.①散文集－中国－当代
Ⅳ.①I267

中国版本图书馆CIP数据核字（2018）第073682号

出版发行：沈阳出版发行集团｜沈阳出版社
（地址：沈阳市沈河区南翰林路10号　邮编：110011）
网　　址：http://www.sycbs.com
印　　刷：辽宁泰阳广告彩色印刷有限公司
幅面尺寸：145mm×210mm
印　　张：7.875
字　　数：150千字
出版时间：2018年5月第1版
印刷时间：2018年5月第1次印刷
责任编辑：沈晓辉　郑　丽
封面设计：杨　雪
版式设计：朱席君
责任校对：籍　莉
责任监印：杨　旭

书　　号：ISBN 978-7-5441-9230-9
定　　价：32.00元

联系电话：024-24112447　62564922
E-mail：sy24112447@163.com

本书若有印装质量问题，影响阅读，请与出版社联系调换。

以草木为名，我想讲个故事给你听——

杜鹃盛放

（代前言）

杜鹃花与鸟，怨艳两何赊。

疑是口中血，滴成枝上花。

据说杜鹃鸟是啼血而鸣的，像个征袍溅血死战不退的剑客，不言败。那些血，随着凄厉的鸟鸣溅到花上，把杜鹃花染得绯红。

花与鸟同用一个称谓，也就只有杜鹃了吧？传说蜀帝杜宇，每年春种秋收时总要与民同累亲事农桑，死后化为一鸟，名杜鹃，在春耕夏播之时仍日夜啼鸣，提醒他的子民勿忘农事。杜鹃鸟悲鸣溅血，落地成花，遂有同名杜鹃的那种花。落红催悲事，绽绿动春心，那些从春天开始的故事，总是让人心惊，一夜春风吹过，千树万树花开。是这样盛大的欢喜。

我喜欢杜鹃鸟与杜鹃花一起绚丽张扬着的三月，像是一本书的第一章，或是淡妆浓抹总相宜的一个出场。

三月是一个开始，饱含了生命萌动的最初喜悦。

三月南风大麦黄，枣花未落桐叶长。熬过了冬残，日子已经开始迫不及待地萌芽了。花红红，叶细细，落在眼里的一切生命都放开了身段疯长着，再没有杜鹃鸟啼血的悲烈，满怀满心只放肆着喜悦和鲜活，这个暖春在杜鹃花纤细的枝头绽开，灿烂热烈得像是春天的一个序幕。

草木有性情，一树杜鹃，也是性情中人。

旖旎春光就像是一匹华丽的锦缎在大地上张扬地铺开。日子已掘好了清凉的井，用清冽甘美的井水浇灌着生活。四季里那些谢了开、开了谢的花交替着一个往复循环的生命历程，绿肥红瘦，枯荣自知，兜兜转转地途经了冬雪春融，尊贵与卑微、快乐与悲哀、疲惫与欢欣都可以暂且放下了。春风吹过，在草木葳蕤，百鸟鸣唱里，尽情享受生命的欢欣和愉悦。

一花一世界，一叶一菩提。

都说要“多闻草木少识人”，这话听起来未免太过避世。

觉得人如草木生，植物是世界给予人类最美好的礼物，就像那些性情各异的人。

我们看植物，也看别人的人生，他们曾经在书里，在这个世界上，热烈丰富地活过，用心地爱过，如今也依然鲜活地活在我们的记忆中，像这些草木一样，带给我们对爱与美的认知，行走于自然，会想起他们，就像想起一个个老朋友。

所有经过的日子，都像开过的花。如果这样想，他们或者我们的一生，就像一直走在开满鲜花的路上。芳草清美，树木葳蕤，百花盛开，这是一条一直在盛放的生命之路，大家都是旅人也是归人。

如果你愿意坐下来喝一杯茶，春色如许，我想讲一段故事给你听，以草木为名，讲一段他们的故事，缅怀他们的一生，或悲或喜，或笑或泪……

目录

1 灵芝：白娘子

“取天地之精华”，这几乎是一个搭配灵芝的专用短语，朋友送的武夷山灵芝的包装盒上醒目地印着这一句。

据说，武夷山灵芝有“芝中之圣”的美誉。武夷山是彭祖的两个一名叫“武”一名叫“夷”的儿子引水截流开山堆土而成的，故名武夷山，又据说，他们的父亲彭祖就是以灵芝之力才得以活到760岁，成为寿祖。

可见人们对灵芝的推崇。

嫦娥因为误食了灵芝而飘飘成仙住进了月宫；《水经注》里更是说炎帝的二女儿瑶姬未嫁而死，归葬巫山，其精魂不死，化为灵芝，从此人间有了一味妙手回春的灵药。传说很美，也都赋予灵芝一种近乎神物的传奇，似乎此物只应天上有。而其包含的强大的功效更是足可以化腐朽为神奇，甚至可以起死回生。

西湖上的白娘子便是为了救丈夫的性命而冒着生命危险去偷灵芝，也真的让许仙回魂。

撑了船顺着狮峰山的水势走，远远的一座金碧辉煌的塔挑出斗角飞檐。同行的朋友说，那便是雷峰塔，民国时倒掉了，为此鲁迅还特地写了千把字大批特批，似乎雷峰塔一倒，就倒掉了三从四德的旧风尚。后来被人重新修过，还安了电梯，按一下电钮就升到塔尖，不必像白娘子那样每晚一步三叩地爬上去。

下了船，想把白蛇当年的囚禁生活端详个清楚。先是在塔下的石阶上看到了宣传画，几笔浅浅的墨，描了欲飞的蛇妖，旁边几个规规矩矩的字：雷峰塔倒了，白娘子还在吗？

是个落了俗套的传奇了，实在翻不出太多的兴趣：一见钟情、突生变兀、为情舍己、花好月圆。一把伞借了还还了借的实在太小儿科。然后老公丢了，女人找来找去不耐烦就施了法，金山寺下白浪滔天民不聊生。法海出场亮相，拼一拼魔高还是道高，于是邪不压正。

只是，要先把磨难尝个透彻吧，要不然怎么赚观众的泪？

那就待在雷峰塔里数你的念珠吧，左三圈右三圈，数到天荒地老。直到那一天，雷峰塔都耐不住寂寞，自顾自地倒了，招呼也没打一个。

白娘子去了哪里呢？史书上语焉不详没个交代。金山寺的水早退了，法海也作了古。白娘子的出身实在不好，蛇怕雄黄，而白娘子怕日子仓皇过去，怕故人不在而美人白头。

她怕过死吗？似乎反倒没有。女人不怕死，只怕老，只怕爱情流逝。去翻《白蛇传》，盗库银、闯昆仑、偷仙草、斗法海，哪一桩不够惊天地？胆大包天九死一生。只是那结局太烂了，为一个偏听偏信、胆小如鼠、懦弱寡情的男人披肝沥胆，值不值？

本就是许仙一杯雄黄酒逼出原形，平白地惹出事端。原来仙师说的不假，这女人果真是妖。妖便妖吧，居然被这个昨晚还与自己同床共枕的蛇妖吓死。可怜白素贞还颠颠地跑到昆仑山上盗仙草灵芝。嫦娥应悔偷灵药，白娘子偷了灵芝后悔吗？

灵芝又称“不死药”，民间的验方里传得神乎其神，是不是能起死回生倒没人见过，只是听说过一个叫白素贞的蛇妖曾经费了九牛二虎之力最后是用一株灵芝还了丈夫的魂。

果然是药到病除啊，不愧是“不死草”。那灵芝采自仙山昆仑，想必是沾了仙气。千年，该有多古老？老树上一圈圈的年轮糙糙叠叠，每熬一年，就加一圈细细的纹。白蛇也是每年要蜕一层皮吧？活生生撕裂着肌肤，只为与那个等得到的人见一面、爱一回。只是，只是那书生丈夫不争气，又跑到金山寺去，结果被一个叫法海的大和尚关了起来，那条蛇精一路找啊找，找了来，施一场大水，救一场爱。

只是，她还是没懂啊，爱，本是禁不起试探的。许仙不放心妻子的过去，于是听信人言，试图用一杯酒试试真伪，哪承想真的就显了原形，任你几番救命之恩也断断是不敢再续前缘了，一方小院几缕炊烟的日子终是过不下去的了。一介书生，终也只是安于卑贱的命，跟一条蛇白头共老，显然无论从心理上还是生理上都有些难度。

谁说爱不讲出身？可以无条件地爱，但生活却不能没有条件。对许仙来讲，底线是，人形的动物，而不能是一条蛇，即使是千辛万苦修炼成人形也不行，约等于发现共枕的女人做过变性手术。

其实倒是觉着雷峰塔未倒之前的故事就足够赚人眼泪了，也许是人间见不得悲情吧，就像见不得美人白头，毕竟大团圆的结局才更让人可以长吁口气，后来不知是谁狗尾续貂地弄了一出“许士林祭塔”的折子来，这一祭，把塔祭倒了，于是一家团圆。

团圆真的有那么好吗？不死的仙草救了许仙的身，白娘子的心却早死了，小小一株灵芝终究是谁的解药又是谁的毒药？反正许仙活过来之后先是大叫一声，然后起身就跑，比兔子还快。

心如槁木，何妨刀割香涂。那一刻，什么灵丹妙药都救不了白蛇。

修行千年为的是蜕尽蛇皮修炼成人身，像一株灵芝，默默地长在深山，耐得住寂寞风蚀只图一个正果。

而灵芝之所以名贵，除了一个人躲在角落里缓慢生长，还在于即便是侥幸修得了真身，却也可能被鹰啄了去、浪浸了去、雪埋了去、雨打风吹了去，浪费千年，终也是没等到红尘梦醒，伊人笑来。

因为这诸多不可知的因素，如重重劫难，九死一生，才能修成的正果，自当弥足珍贵。这是白娘子的一生，需要懂得珍重的人来承载她的感情。

世人只知团圆好，谁知白蛇不祈祷。这世界上真正懂白蛇的人不多，于是千百年来，世间人更愿意口口相传着一个大团圆结局的《白蛇传》，以为那样，就可不辜负白蛇一片痴心。

灵芝： 又称灵芝草、仙草、瑞草，多孔菌目灵芝科，可供药用，益精气、强筋骨，灵通神效，故名灵芝。身形如伞，菌盖半圆形，植株红褐色或黑紫色，有辐射状皱纹。

灵芝在中国传统文学作品中被看作包治百病的仙药，也用来象征祥瑞。

灵芝代表着最珍贵的感情和无可阻挡的执着。

2 莲花：周伯通

午后，莲在寂静的阳光下沉默不语，像一个合掌端坐的修士。想安静到极深处，一定要有颗细致淡然的心。忍得住薄凉，耐得住寂寞，世上万物，都与己无关。

它一个人，开在水波深处，身边是红尘万丈的纷扰，而它青茎白花，依旧开得不张扬不讨好不绝艳不香腻，清清瘦瘦荣辱不惊，干净自在无悲无喜。莲的圣洁不是清纯，而是端庄，是淡然心性中的清凉从容。那是个尘埃遍布的世界，唯有莲，心如明镜。

该是多高深的修行才能修炼到五蕴皆空？这该是个绝顶高手。

从李连杰的《少林寺》开始，打小背熟了太多的招式和人名，九阴白骨爪，梅超风；降龙十八掌，郭靖……小时候就这么一路唱着跳着上学去；后来又听说了小李飞刀川中唐门什么什么的，似乎摘花取叶俱可伤人。于是也总有种错觉，似乎刚刚还在街角流着鼻涕弹玻璃球的后生小子也随时可能长身而起，吟一首诗，拔一把刀，凌波微步所向披靡。

黄药师的“桃花影落飞神剑，碧海潮生按玉箫”似乎是最诗意的武功了，比起少林和尚的大力金刚掌或是如意环霸王枪，那儒雅简直不可相提并论。那时候想象不出一种诗一样美得心疼的武功会是怎样的凌厉。

直到黄药师将周伯通困在桃花岛上15年，才真的发觉功入化境之时，一管看上去弱不禁风很草根的箫居然也无所不能。后来想想，黄药师的箫或许无非只是种排场而已，困住了周伯通也更多的是要机巧聪明而不是真材实料的高人一等，倒是逼得周伯通闲来无事，机缘巧合练成了左右互搏。

左右互搏，说穿了就是左手打右手自己哄自己玩到嗨。于是，合上《射雕英雄传》时终于明白，虽然全真教中每一个都道风仙骨很有修行的样子，其实都还只是形似，反倒是不修边幅浪荡形骸的老顽童，那豁达和自在，是真的参透了道家真义。

“道”即“无为”，顺自然而不强求，而“道”之一物又生出万物，所以“道”又是“无不为”。全真七子的修为也只是到了“无为”之境，老顽童周伯通早已修到了“无为而无不为”。任是天大的事端也事不关己一笑置之，也并非天降大任于斯人的凡事强出头，而是不急不躁，兵来将挡，以不变应万变，顺应发展，坦然接受。“不以物喜，不以己悲”才算摸得到了“道”的皮毛。

和老顽童周伯通拜把子一定很有趣。试想，一个被困孤岛15年依然笑若春风悠然自得的人，若非得道，也定是人间至圣。

耐得住寂寞，虽然凡心未了。实在无聊，左手打右手的消遣足够博自己开怀，没有大抱负大胸襟，却绝对的大自在大欢乐，那不正是至高境界中的大自由和大智慧？

那是个随时随地都可以找到快乐的人。不求与人互动，只求自己要得开心，实在睿智得不得了。

放得下的人，在日子里觉醒；放不下的人，在日子里凋零。如此说来，没有追求并非低级趣味，反倒成就了大解脱大幸福。因为他们不会无聊到把所有的恩怨对错都非要弄个水落石出之后，还在揪住问题的本质不放。

一个词：通透。

左右互搏，聪明绝顶如黄蓉之辈却真的搞不懂，倒是傻小子郭靖一教就会。一句话，杂念少。

心无杂念自然水到渠成。执什么手啊？泪什么眼啊？不过浮云，于是，左右手打过过瘾，玩得开心最重要。

责任是一个伟大至极的借口，甚至激情也是。快乐就像清溪中的小鱼，只要留心，总会发现。

韩非子说，一手画方一手画圆是做不到的，周伯通做到了。孟子说：“行拂乱其所为，所以动心忍性，曾益其所不能。”结果，孟子的思想和政治主张始终未能得到实行，最后退居讲学。蒲松龄说：“有志者、事竟成，破釜沉舟，百二秦关终属楚；苦心人、天不负，卧薪尝胆，三千越甲可吞吴。”结果，也无非是小文人一枚，街边摆了茶摊讨人讲鬼故事罢了。

可见话说得漂亮，事儿不一定能做得漂亮，胸无点墨又无大志实在也没什么理由发“蹉跎此生”之慨，你能说周伯通被困桃花岛的这15年过得郁闷无用吗?

历史上是确有其人的。周伯通是不是真的开创了左右互搏的神奇武功已无据可查，只凭一部武侠小说也显然难以服众，不过周伯通倒是真的帮助道教始祖王重阳创立了无为而修无为而立的道教，并资助其成立了三教莲花会。

道教祖师王重阳诗云：儒门释户道相通，三教从来一祖风。红莲白藕青荷叶，三教原来是一家。莲花以红艳为主色，荷叶是青绿色，藕是白色，莲的3个部位形色不同，却是有机的统一整体。王重阳的诗意是儒释道三家就如同红莲、白藕、青叶一样，皆为修身之本。可见，道教并非排斥异己，而是大度地倡导兼收并蓄、和谐统一。据说王重阳当年对于道教的这个宗教团体的名字很是犯难，周伯通说，就叫莲花会吧，花、叶、根虽各不相干，总是一道之根本。遂有了王重阳的诗。

可见，周伯通是喜莲的。

据说，莲是道家圣物，道袍发冠拂尘等装扮都有莲的影子和寓意。当枯则枯当荣则荣，不争宠不喧闹，安安静静的很有仙气。“身处污泥未染泥，白茎埋地没人知。生机红绿清澄里，不待风来香满池。”高深的境界仅凭一池青叶就说了个明明白白，《群芳谱》中说：“凡物先华而后实，独此华实齐生。百节疏通，万窍玲珑，亭亭物华，出淤泥而不染，花中之君子也。”

莲并不高深，就像道家从没想把一种宗教弄得深不可测的来蒙蔽众生，相反，道家就是想把一切简单化，复杂可以让日子精细，而简单则离快乐更近一些。

想把日子过得立体一点，去看周伯通，然后醍醐灌顶，说一声：简单，真的不难。

莲花：多年水生植物，以藕为根，横生水底，叶片圆伞状，晨开暮闭。周敦颐《爱莲说》中有“出淤泥而不染，濯清涟而不妖”之赞誉，是我国十大名花之一，被称为花中的君子。

莲以安静淡恬的性情，显示了坚贞、纯洁、谦逊、恬谧，为道家圣物，象征洁身自好的安然和不染凡俗的圣洁，代表着简单的快乐和生存之道。

3 夕颜：石观音

“夕颜无限好，只是……”

“不是夕颜，是夕阳！夕阳！”小时背古诗，常被先生厉声呵斥，只是我的舌头有时候不是很给力，惹得先生和诗人都不大高兴。

兀自倔拗着：夕颜有什么不对呢？你们见过我老家漫山遍野里疯长着的夕颜花吗？每天傍晚就你争我抢地开了个热热闹闹，天一亮，又都偃旗息鼓一声不响地退了场。一些盛开，正是凋谢的倒计时，为了拼一次绽放，它们精心打扮了一整个夏天，在凋谢之前，好好美一次。

如此的悲壮，我们有什么理由忽视它？有什么理由不大声歌颂？

对于夕颜花来说，黄昏是起点，也是终点。于是，除了绕不过来的舌头，我倒是觉得后人可能是记错了：夕阳虽然近着黄昏，可是明天还会以朝阳的态势重新再来，倒是那名叫夕颜的花，黄昏里开过一次，就再也转不回花期，于是，若想找个悲剧的典型代表，夕颜花倒是比夕阳还要贴切呢。

昙花花期够短了，夕颜更短，短得如一次回头。为了那晚的盛开，像位精心梳洗的深闺处女，描眉画鬓，凤冠霞帔地等着鞭炮响。

恍惚觉得，夕颜该是什么女子的乳名，大家闺秀或是小家碧玉的样子，那些阳光跌落房檐的午后，推开阁楼的窗，把透过藤蔓的阳光放进来，倚了窗绣些跟日子有关的情节。一针下去，是和和煦煦的春风秋月；再一针下去，是枝枝蔓蔓的儿女情长。待日头落过了栏杆，女子就合了窗，把绣好的丝绢压到箱底，一个人坠到黑暗里去。丫鬟该点了盏灯吧，红红的，映着描了眉眼的脸，一夜风来，凌霜自开。

恰好盛开之时，那个怜花之人也恰好路过，恰好回头，那么，花开有人懂，花谢有人惜，夕颜花长长的努力短短的疼，便都找到了落脚点，一切便都恰好。

一切，恰好。多好。

不惊艳献媚，不擅动扰人，安静得几乎是忧伤的。毕竟，花开一季，若是恰好有人目睹着我的美丽，便不算误了佳期。

“书画家完成了一件杰作，若是没有人欣赏，就会觉得如衣锦夜行，所有的心力都白花了；名伶在高歌时，若是无人聆听，也会觉得十分无趣。”夕颜便是如此的心境吧？为那个爱她的人，开一次，香一回，然后义无反顾地老去。石观音说这话的时候，忧伤得就像一枝只顾开着却无人眷顾的夕颜花。

武侠小说似乎永远不入流，永远登不上大雅之堂，永远拿不到世界级大奖，永远不会成为名著。但这并不影响我们的喜爱和热衷。那些刀光剑影爱恨情仇，很激昂地把侠义雄风和温柔情爱纠缠在一起，刚柔并济，动静相宜。

印象里有两个一夜白头的女人，一个是梁羽生《白发魔女传》中的玉罗刹练霓裳，一个是古龙《楚留香传奇之大沙漠》中的石观音琳琅。这两个女人的出场都足够婀娜，最终的退场也都黯然神伤。读完《楚留香传奇之大沙漠》甚至会产生一种错觉：古龙抄袭了梁羽生。

这两个女人都出身悲苦惊艳美貌，来去如风心狠手辣，武功高绝冷若冰霜，也都因为一个男人而青丝成雪，都曾因心上人刺过来的一剑而伤心欲绝，最终也都择地隐逝不惹红尘。在一场失败的爱情面前，女人摔得很惨却不敢喊疼，因为“这一剑是你自己要挨的，心痛抑或是心伤，你都要自己去承受。”做女人，很落寞，很拘谨。

石观音千辛万苦机关算尽风光了整整一本书，本以为一切都唾手而得的时候，很不幸遇到了楚留香；更不幸的是，这个冷若冰霜的女子，竟然不可救药地爱上了他。

那些爱情，稍稍梳理已觉疲惫，所有的飞蛾扑火都只是执着而不是自信，因为爱情本身便是一次感召、一次心灵聚会。为了爱，石观音可以放下一切，放下她苦心争求的月亮城，放下恩怨情仇，当楚留香被柳如眉限制了之后，为了还心上人一个自由，石观音赤足踏过火炭，那撕心裂肺的疼在她心里却无比享受，她只要觉得值，便会义无反顾地做，而当她得知楚留香的死讯时，竟然悲痛欲绝一夜白头。

即使这样爱成绝唱，阴差阳错的两个人最终还是反目成仇。石观音绝望之余，大开杀戒，从此，以一个专杀有情人的魔头形象纵横江湖。

楚留香寻到她时，白发飘飘的石观音依然冷艳绝伦，只是一颗心却似已灰之木，她张开双臂，迎向了楚留香的剑。

“恨一个人和爱一个人一样，都是需要付出感情的。”说这句话的时候，石观音面无表情，看不出她是恨多一些还是爱多一些。石观音本就是一块石头，风吹雨打经历得太多，于是，能看淡的便全不在心上，能在心上的，便全是没有缘由的伤，和不忍碰触的疼。

《楚留香传奇》的主题曲叫《香剑吟》，“那一剑刺得太温柔，有痛的感觉却找不到伤口。雨中倩影已消瘦，记忆变腐朽，重新解释的理由，是红尘看不透……”

红尘本就不是为了让你看透的，看透了它还叫什么红尘啊？就像爱无论被多少支笔描摹得流光溢彩，都只不过是一场浩劫。世间女子也多是些霸占了一个季节的花，努力生长，然后凋谢。因为花知道，红尘看不透，而爱靠不住，属于自己的那一出戏能唱个尽兴已经足够好。

所以，自古红颜多流离薄命。流潋紫在《甄嬛传》里错把牵牛花当作了夕颜。甄嬛说，花朵也有薄命的吗？我以为只有女子才称薄命呢。允礼回她：人云此花卑贱，只开墙角，黄昏盛开，明晨凋谢，无人欣赏，故有此说。甄嬛又说：如此便称薄命吗？我倒觉得此花甚是与众不同。夕颜，是夕阳下美好容颜的意思吧？王爷也是这样觉得？允礼叹了口气：只是不愿意将如此清丽之花想得过于薄命罢了。

红颜薄命，如夕照之下依次暗淡的夕颜花。日子长得似乎过不完，匆匆忙忙的，夕颜紧赶慢赶，赶在日落之前，让那拍马而过的少年，再看我一眼……

夕颜：学名月光花，又名嫦娥奔月、天茄子。旋花科番薯属，缠绕型草本，热带地区及中国长江以南地区均有分布。

花开如满月，圆满而美丽，色白如

雪，黄昏时始含苞，不多时即盛开，翌朝即谢，开得迅速而美丽，又凋谢得毅然决然。悄然含英，阒然零落，又仅于夜里开放，花品卑微而生命短暂，故名夕颜。

与夕颜对应，还有一种早上开放的姊妹花，花开喇叭状，因此也叫喇叭花，学名朝颜。

夕颜象征着永远的、坚持不改的初衷和爱。

4 金银花：张生

在浙江躲了多年，不温不火清清淡淡地泡在江南的细软温和里滋滋润润。几页书一壶酒三两残局，闲时在顶楼的平台上围出一块，挑上泥，撒些花花草草，于是，满心满眼绿得让人心醉。

清明出游，几日未归，再推开门，冬季里虽有阳光，那些绿还是稀稀疏疏长势潦草，唯独靠着墙角的一块，密密匝匝居然开了细细碎碎的花，白得晃眼。一些蕊，努力向外伸展着，似是追着阳光跑。泥是楼下花圃里挖来的，想是落了去年秋天的草籽，于是也不在意。不想，几天之后那些蕊愈发长了，一蒂二花，一花双蕊，成双成对，缠绵得很恩爱。花色也由纯白转为金黄，白时如银，黄时若金。

我懂了，这是金银花。

与其说金银二字是形容其花色，不如说那是为了喻其缠绵和贞洁。金火热，银冷清，岂不正像是一脚火炉一脚冰窖那样两重天的爱情？那些拍马而过的青春里，谁不想遭遇一场爱情，风里来雨里去地过些简单明媚的日子。或剪烛西窗说些夜话，或共锄垄上闻些稻香，四方小院里的妻贤子孝，挑水浇园的悠淡时光，可以鸡犬相闻，也可以琴箫诗棋，那样彼此不舍的纠缠，就可以明快单纯地把日子过到天荒地老。

按捺住除之后快的心，把花铲丢回角落里——金银花，是清热解毒的良药呢，对于发疹发斑、热毒疮痈、咽喉肿痛等热火毒症均效果显著。呆望着那些“百花杀后我花开”的不速之客，似乎是捡到了宝。

想必柳毅是捡到了宝。

家里的习惯，只要有人就开着电视。那天忙里偷闲瞟了一眼，评剧《张生煮海》，老段子，早烂熟于心了，于是坐下看。某人说，越剧《龙女牧羊》和这个《张生煮海》是两个版本的同一个故事。本还不信，一查资料，还真是。最原始的版本叫《柳毅传》，是著名的唐人传奇小说，曾经风靡一时，洛阳纸贵。

从古至今，人们都习惯跟强大的对手过不去。孙猴子闹天宫，有人为了救母弄把斧子劈山，还有人对着长城声嘶力竭活生生把个伟大的历史文物哭倒了一段；哪吒闹海，张生煮海，嫦娥甚至住到了月亮里。似乎战胜了强大的对手方能显得坚韧不屈英雄气概。

不过至少看着提气，一篇读罢也会力拔山兮气盖世，浑身是胆雄赳赳。

柳毅一个穷困潦倒的落第书生，偏偏要爱上龙王的女儿。白蛇当年不就是爱上了许仙吗？白发魔女一个山贼也非卓一航不嫁，甚至傅红雪这个浪子也要迷恋江湖第一美人。英雄可以不问出处，爱情不行，中国传统思想层面上，爱是讲门当户对的，于是那些爱，总是注定要有大波折大跌宕，才显得大热烈大悲壮。

情节可以忽略了，反正就往皆大欢喜、九死一生、感天动地、终成眷属上联想准没错。李潮威的《柳毅传》被鲁迅先生与元稹的《莺莺传》相提并论，也是中国传奇小说的开山之作，开创了神仙被贬、落入凡间、与人相遇、感地动天的催泪爱情套路，后世传奇小说的情节里大多有着柳毅的影子。所以一直以为，只看《柳毅传》，后来的所有传奇小说都可以不看了。

再后来，听过一出名叫《张生煮海》的剧，咿咿呀呀地唱着一个书生爱上龙女的俗套故事，翻了书一查，果然是《柳毅传》的升级版，李好古江郎才尽，活生生剽窃了李潮威的创意：儒生张羽夜宿石佛寺，对月抚琴，引得龙女琼莲心生爱慕，约定中秋再见。龙王得知横加阻挠，张羽遂用银锅煮海，大海翻腾，龙王不得已将张羽召至龙宫，与琼莲婚配。

都是花好月圆的结局啊，像开不败的花，一朵朵夺人魂魄的缤纷着喜庆着，历尽磨难，终得圆满，实在是妙不可言。

那些爱情，合着就是些耐寒的植物，熬过了冬残，迎来了盛开的夏。

如果植物有性别之分，我想金银花一定是雌雄合体的。金银花又叫忍冬，别看它弱不禁风的细小，却耐得住寒，越是冷，越是长得生机蓬勃，碧绿欲滴。

像一些爱情，越是曲折，当事人越是兴致勃勃，观众们也越是屏住呼吸，看得津津有味，目不转睛。

金银花：又名忍冬。多年生半常绿缠绕藤本植物。三月开花，初为白色，后转黄色，故名金银花。又因为一蒂二花，两条花蕊探在外，成双成对，似鸳鸯相伴，固有鸳鸯藤之称。性甘寒气芳香，甘寒清热而不伤胃，芳香透达又可祛邪。花枝缠绕，像无法割舍不肯分离的情人。

代表着坚贞和誓死不离的爱情。

5 夜来香：蝎子精

你很难相信夜来香是个毒物。

那时在乡下，爸侍弄着一个很大的花圃，每天沾一身泥和香回来。近水楼台，我也就得以时常与花亲近。阴雨的傍晚托了下巴在小板凳上做几个枕红倚翠的悠闲梦。有一日突然头昏得不行。爸说，这是中了夜来香的毒。

这么香艳的花居然是个使毒的高手，让我很是吃惊，以至于后来对“越是美丽的越有毒”和诸如此类的句子就深有感触，见了什么漂亮的物件便油然生出些恐惧来。

爸说夜来香很怪，别的花都是靠白天里出来忙碌的蜜蜂蝴蝶来传粉的，但夜来香偏偏是傍晚才开。这时候蜜蜂什么的都回家吃饭了，于是因为生理需要，夜来香就只能拼了命

打开花腔，吐更多的香气，招惹那些尚有些力气出来活动的飞蛾。于是，越到傍晚，越是开得盛，香得呛人。

中了毒，却恨不起它。那么娇滴滴水汪汪，那么弱不禁风的黄配着大众的绿，不招摇却又足够妩媚，那不露声色的沉稳和狠毒实在是够个性。别家花开得锦簇的清晨或是午后，它含有心事一声不响，直到别人都热闹够了才引来满院子的晚蝶乱舞。它一个，就是一本传奇小说。

可是那花虽是妩媚，却是毒药，用一股让人升不起戒备的毒造孽，像爱情。

爱多美好啊，你不忍拒绝，也不忍伤害，渐渐地就中了它的毒，头大如斗又无药可解。

突然就可怜起那个躲在洞里弹琵琶的蝎子精来。白龙马走了那许多年，一路上妖怪不断，兔子精蜘蛛精各色人等听说唐僧要来，都在镜子前磨蹭了许久，施着粉，嫣嫣笑着想迷一迷那个得道的和尚。

做和尚，要脱得开欲界、色界、无色界，所谓三界跳出，先要抗得住美人。问路的、讨茶的，无论胭脂多厚身段多美，都可能随时摇身一变就生出些风波来，防不胜防啊，索性一切拒收，不敢多事。

琵琶洞里，悟空化做飞虫打探究竟，见几个彩衣绣服的女童把唐僧扶出。那师父面黄唇白，眼红泪滴，行者在暗中嗟叹道："师父中毒了！"

谁知那妖怪神通广大，八戒悟空合二人之力仍是胜之不得，反倒是那攻无不克的斗战胜佛被弄得狼狈不堪。翻遍了整部西游，若是论到武艺机智，还要数这美妖艳妇。

想想也苦，做妖难啊，神仙不容，俗世也不容。可偏偏这蝎子精连如来佛都敢蜇，蜇了也毫无惧色，依旧是逃到凡间来快活，占山踞洞的快活，琵琶洞里单曲循环，只想那唐朝僧人能听得懂。

擒了唐僧也没动粗，只是温存相劝，求一个姻缘。修行来修行去，无非是想求一个善果，尾上的针硬，心却足够柔软。只可惜，那个呆板僧人只知道数他的念珠，度他的佛。于是好吧，"我可不是那女儿国娇滴滴的女王，老娘有得是力气和手段！"我的爱就在这儿，爱我就来握我的手，不爱我就吃进肚子，爱与恨，你总要选一个。

发于情、止于礼，最不济把爱当作盘中餐。来世上修行一回，就别浪费了爱。

"你眼前的我是红尘万丈，我眼里你是化外一方，若你跳得出去，就安心做你的和尚，若跳不出去，请和我于红尘里相爱一场……"谁唱的歌？真是入心入肺。

别的妖怪抓了唐僧只想着清蒸红烧，求个长生不老，唯有蝎子精只求姻缘。只是啊，这世上有太多的爱不合时宜。爱没错，错的是时间地点人物，爱错了人才是偏执。唐僧眼

里只有黄经青案、经声佛号，修的是出世的禅定；而蝎子精却还是眷顾着人间烟火，四方小院里那过不完的流年，更在意那入世的俗情。

百年修得同船渡，一个蝎子，修成人形，那么苦那么难为了什么？是狠狠爱一场。在一个没有USB的时代里，如何了结这一段孽缘？是拼了一切去爱，还是继续清心寡欲修行？要知道，爱错一个人，全部的修行就都白白浪费，却不想，爱这个字已经上了唐僧的黑名单。而蝎子精，则无疑遇到了一心向佛的圣僧。

一个妖，挣扎什么？

蝎子精最后还是死了。所有的错，都可以一死了之，像夜来香，放肆地开一次，然后在夜将尽未尽之时，一个人悄然退场，待太阳升起时，满院子还是新开的香，却已经不是夜来香的味道了。

那已经是下一出戏文、下一个花季了。

夜来香：多年生藤状缠绕草本植物，花多黄绿色，又名月见草、晚香玉。其香夜间会变得浓烈，且具麻醉成分，过多误吸会使人呼吸困难。

其花暗喻着错失的爱和无声无息地退去。

6 相思树：顺娘

秋早就过了火，早些天还热热闹闹的明媚景色就怯生生煞住脚停了长势。无论多夸张的剧情，一声铃响就都要有个结果。不信去看冬初的树，那么单调凄凉，枝枝叶叶都不见了踪影，无怨无艾地一个人担着寂寞。

恍恍惚惚地一直觉得“相思树”这个词的落脚点不是树，是相思。树下总该会有行色匆匆衣衫草草的旅人盘坐着小憩，手上捏了本才翻了一半的百家诗。一些拎着篮子的小家碧玉般的文静女子打此路过，青裙绿袄步生莲花，不经意地掉一只簪，落了俗套地被那书生模样的人拾到，贴了胸细细藏好；然后锣鼓家伙适时地响了，好戏开场；再然后，一段故事就会像刚被磨光了陈垢的瓷器，亮着人眼，瞟一下就心生欢喜。

“树”，是一个安静的名词，而偏偏“相思”二字互动性极好，你纠缠不清的两根藤，长长地探出触角，彼此碰触着，靠近着，像是一喘一息里都带着思念。一棵树，居然活成相思的模样，读着就唇齿间生出香来。

属于相思的故事都是喜乐和顺的吧？对，喜乐和顺。穷小子乐和寄养在娘舅家念私塾的时候，娘舅家有个姓喜的邻居，女儿顺娘也在那读书，于是同学就开玩笑说，“喜乐和顺，合是天缘”。

该不该按着皆大欢喜的套路走下去呢？结局之前总是要有些波折，就像美人的腮下总要有颗不大不小的痣，如此微瑕才显得楚楚动人。私塾散了，乐和不得不离开娘舅家，二人断了音信，几年后舅家约他扫墓，顺便游湖。在湖上正好遇到了顺娘，但因为相距太远，只能四目相视却未能握手言欢，乐和从此闷闷不乐，题诗道：“嫩蕊娇香郁未开，不因蜂蝶自生猜。他年若作扁舟侣，日日西湖一醉回。”

乐和想把这首诗送到顺娘手里以述相思之苦，于是返到顺娘家，但顺娘家高宅大院，徘徊良久也没有看到顺娘的影子。正焦虑的时候，听人说潮王庙的签很灵，于是买了香烛去求签，不慎把写好的诗掉到烛盆里，待伸手取出，已经烧得差不多了，只剩一个“侣”字。乐和找到一个算卦的老者求签算命，老者将其引到一口井边，说，你只要仔细看看井中景象便可以知道是否有缘相见了。乐和定睛看时，井内隐约可见一女，紫罗杏黄裙，分明便是顺娘的样子。狂喜之下不慎落井，乐和惊醒，原来是一个梦。

于是，乐和多次求父亲向顺娘家求亲，父亲以两家贫富差距太大，门不当户不对为由不予理睬。乐和“大失望，乃纸书牌位，供亲妻喜顺娘。昼则对食，夜置枕旁，三唤而后寝。每至胜节佳会，必整容出访，绝无一遇。有议婚者，和坚谢之，誓必俟顺娘嫁后乃可”。

又过几年，一次钱塘江潮会，乐和整衣出游，忽见顺娘一家在高台之上静待潮来，于是分开人群以求一见，而顺娘也看到了乐和，于是乱奔而来，正巧这时潮水来袭，顺娘力弱，竟失足落水，“和骤见哀痛，意不相舍，仓皇逐之，不觉并溺”。顺娘的父亲忙命人相救，待打捞上来，见二人对面相抱，气息皆无。

乐和的父亲闻听消息赶过来，哭曰：“儿生不得吹箫侣，死当成连理枝耳。”喜公怪问，备述其情。喜公恚曰：“何不早言，悔之何及。今若再活，当遂其愿也。”于是高声共唤，逾时始苏，毫无困状，若有神佑焉。喜公不敢负诺，择日婚配。

自古为情殉命者多如牛毛，于是有人诗道“人间自是有情痴，此事不关风与月”，真是至理名言，深解三昧。爱情，不需要理由，只要两情相悦，便是缘。愿天下有情人终成眷属，是前生注定事莫错姻缘，这话说起来荡气回肠，但很多千折百回的爱情，却有着很多意料之外的山水阻隔，只有望穿秋水的眼，默默含泪，款款生情。能如乐和顺娘这般，也算前生注定，一世情缘了。

在爱情里以性命相搏，“生同衾死同穴”的故事很是让人无奈，爱情离了悲欢二字似乎就不够生猛，太平铺直叙的故事总留不住观众。于是，文人们习惯把爱情无限地扩展开来，甚至连一棵树都懂得男欢女爱。

没见过相思树，可我怀疑它是不是真的以一种笔直的植物属性存在，不过闲时翻书，翻到了冯梦龙的《情史》，还是想看到顺娘披红戴绿做了嫁娘，也就欣欣然地愿意相信这世界上真的有相思树。

据说，相思树叶冠茂盛婆娑可人，碎花金黄，且是木质极其坚硬，很有些宁折不弯的爱情味。友说，《搜神记》里也有呢。于是找了来，果然。战国时宋康王舍人韩凭之妻何氏美，康王夺之。韩凭自杀。何氏也投井而死，遗书愿合葬。康王怒，使里人分埋之，两冢相望。宿昔之间，有大梓木生于两冢之端，旬日而合抱，根枝交错，又有雌雄鸳鸯栖宿树上，晨夕不去，交颈悲鸣。宋人哀之，因称其木为相思树。

鸳鸯雌雄相依，想想就悲壮。所有的爱情都可歌可泣，也可喜可贺。结局？结局当然聚散有之、悲喜有之，爱情里，所有的故事，都未完待续。

其实，读到乐和与顺娘二人合葬的时候，以为有关顺娘的故事将是以悲剧收场的一出飙泪剧，没想到最后一句却天作好合峰回路转了。

就像不忍美人见白发一样，人间，还是喜剧更让人感觉舒服。

相思树：中国台湾特有植物，又名台湾相思。蔷薇目、豆科、金合欢属植物，常绿乔木，高6米～15米，无毛；枝灰色或褐色，生长迅速，耐干旱。多用于荒山造林、防沙固堤。其木质坚硬，斧凿不侵，可为车轮。台湾将其列为“濒临绝灭”级稀有植物。

喻坚贞不渝的爱情和死不分离的爱情。

7 木槿：完颜洪烈

身为中国人，谈笑风生时不随口吟几句古诗来显得有些对不起祖宗。每个中国人都有古诗情结吧？至少“离离原上草”或是“床前明月光”总是烂熟于心的。

读诗，即便是附庸风雅也是一种态度。

读“神龟虽寿，犹有竟时。螣蛇乘雾，终为土灰”感觉气魄虽在，却不够婉转细腻；等到再读“松树千年终是朽，槿花一日自为荣”时，却是真的懂了曹操的大气。懂虽懂了，却还是喜欢白居易的那一句，想想就美美哒。“槿花一日自为荣”，多怡然喜乐轻松放达，自古赞美松柏的文字多得数不清，偏偏在白居易这里不值一提地不屑，挺过了千年万年，即便是神龟一只，该朽时还是一样的枝残叶落，倒是只开一日就霸占着仅有的这一日里所有辉煌的木槿，不折不扣的是条汉子。

听说这自信放达又成熟稳重的花是只配爬篱笆墙的，人们习惯将其攀援着点缀院墙，平时只有醉手扶一扶，野狗拱一拱，并没有谁肯垂青眷顾多看上几眼的。

老家的雨后黄昏或是鸡鸣清晨，门开处，老妪扶了满墙的木槿拎了食桶喂鸡喂鸭，身后一溜烟跑出少主人，“小呀么小二郎，背着那书包上学堂……”一边唱一边揪了朵刚开的木槿别在襟上。那木槿既不香又不艳，摘了去又能怎样呢？搞不懂，反正那太阳升了落，日子暖了寒，一年年长大了，倒也不在意那些盖满了篱笆的寻常绿色。

木槿倒也不争，还是一味绿个彻底长得疯狂。卑微却自重，不求人懂，只求一个人的心满意足。做园艺师的弟弟说，很多专业侍弄花草的人不喜欢牡丹芍药那些美得夺人二目的娇贵花色，倒是很多人有着木槿情结，他说，木槿的难能可贵，在于坚持。

坚持，两个安安静静又透着坚韧的文字，带着粗布衣裳的不修边幅，又分明挺着几分可爱的硬度，浓郁热烈得让人汗颜。

后来，挤在晒谷场看村里唯一的一台黑白电视，看到完颜洪烈给包惜弱建了和牛家村一模一样的茅草房时，一眼就

盯上了那些爬在篱笆上大片大片疯长着的木槿，那放肆的伸展，简直茂盛得张狂。大侠金庸妙手天成，一部《射雕英雄传》，把纯属配角的完颜洪烈写得很男人。

长大了再看，弄懂了导演的用意了。那些镜头推拉有致，却总是有意无意给木槿几个特写，真真是用心良苦。贵为国戚，六王爷身先士卒深入敌后微服侦访；作为将军，他胸藏机锋，高瞻远瞩雄才大略，文治武功都堪称上上之选；作为男人，不惜杀人也要得到自己心爱的女人，虽有些不择手段的残忍却也不失爷们气。在临安牛家村，与包惜弱一面之后，他精心策划了一场屠杀，很硬朗很霸道很残忍，原因很简单，那个血气方刚的王爷，忽然懂得了爱情，像那些层层叠叠长势喜人的木槿，挨到了想要开花的季节。

这应该是我读过的书里唯一一个没有三宫六院的皇族男人。大金开国之初，连皇室族内也都忙于开疆扩土无暇他顾，没有闲杂人等去忙些雕梁画栋的深院皇宫，自然也没有三千佳丽用以怡情，于是，金庸的笔，撮合了一对本该各安天命相安无事的男女，皇亲国戚和荆钗村妇本是互不相扰的独立存在，分开彼此，也许都会很美满幸福，无奈的是，他们相遇了。

那一场相遇，毫无风花雪月，十足血雨腥风，十八年光阴流变，让两个人的生命显得那样的狭窄和苍白，所谓爱情，一旦失去原始活力，无论如何认真地补救都不可能再有任何实质性的现实意义和精神填充。

包惜弱不懂民族大义，却明白爱恨尊卑。她委身金国，只是想让孩子长大成人，至于自己幸福与否倒在其次了，如果不是与杨铁心相见，也许便默默终老归于平淡。命运时常开的一个玩笑就是想笑的时候偏偏要让你哭，如此才显得曲折跌宕，与杨铁心街头擦肩而过的一瞬间，波澜再起，风云席卷，旧庭院里的一墙木槿花，扑簌簌的就又绿了满眼。

那是个一人之下的国之重臣，金庸并未简单地给完颜洪烈做一个非正即邪的品德认证，而是极丰满地刻画了一个性情男人。

对于他心爱的女人，完颜洪烈悉心关爱容忍包纳，甚至允许她建一个与临安乡下一模一样的草屋来祭奠旧情，每天把自己锁在茅草屋中面对一杆锈迹斑斑的铁枪凭吊亡夫，十八年后的包惜弱仍吝啬于对完颜洪烈回头一笑，正值中年的完颜洪烈风度依然位高权重，多少女人心向往之，包惜弱却早已残花败柳韶华不在，完颜洪烈又何苦放不下一个包惜弱？只因那个荆钗青衫的温婉女子在一场雪色凄迷之中与自己的一次相遇吗？

六王爷既能杀了她的丈夫来成全自己的爱，也能十几年来任由自己的女人在心底装着她原来的丈夫。一个男人对于一个女人，该做的不该做的都做了，如此才有血有肉，有情有义。但即便如此用情良苦，到头来还是一场空欢，这个似

乎要风有风要雨有雨的贵族却要无奈到央求自己的儿子："康儿，可不可以帮我一个忙，让你娘笑一笑？"

中都街头，杨铁心夫妇双双自尽，满天飞雪中，包惜弱惨然一笑，回头时的决然让这个见不得伤痛的女人忽然坚强得钢筋铁骨，原来，死也可以这样美丽和壮观。

完颜洪烈望着包惜弱脸上苦尽甘来的心满意足心里很难过，"与她成婚一十八年，几时又曾见她对自己露过这等神色？自己贵为皇子，在她心中，可一直远远及不上一个村野匹夫"。直到此时，六王爷才真正弄清楚，原来温柔、顺从、容忍、退让，永远不能代替爱情。木槿花坚持了整个季节，还是惹不来一个留恋的眼神。

多年以后，大金被蒙古铁骑风卷残云之时，铁木真望着已是阶下囚的六王爷含笑不语，而完颜洪烈临死的时候也并没有忧国忧民，只是把目光放得很空远："若是有来生，我还是会到牛家村寻包惜弱。"

只一句，便表情丰满胸意尽吐。原来，这18年来，何止是包惜弱苦受摧磨，完颜洪烈也在陪着她一起枯萎。无怨无悔地爱一场，无论甘苦冷暖，无论痛或温柔，对于一个男人来说，已经足够。

木槿：锦葵科落叶灌木。茎直立，多分枝，喜随意攀爬生长。其花朝开暮谢，新花开在旧花的末端，却比旧花开得大而艳，每一次凋谢，都是为了下一次更绚烂地开放。如此一日一开一谢生生不息，代表着不改的坚持，没有什么会令他们动摇自己当初的选择。

木槿花生命力极强，象征着历尽磨难而矢志弥坚的性格坚韧，以及爱的信仰永恒不变。

8 满天星：郑旦

很难相信，一朵花也可以是性情中人。

朋友病中。那个午后，去街角的店里包一束花去看望。几枝半开的紫罗兰、康乃馨，当中加一枝趾高气扬的天堂鸟，周边附配着满天星，满眼的葱葱绿绿红黄艳丽。搂在怀里，一路走，一路哼着歌。那个下午，美好得像一首平平仄仄的古诗。

那花束实在太丰满了，满天星乱颤的花枝时不时蹭着下巴，痒痒的麻麻的多少有些煞风景。低头看看，紫罗兰天堂鸟安安静静高贵典雅，叶子碎碎的花也毫不出奇的满天星倒是笑得欢。

实在是有些恼了。偌大的一包花，就这么让满天星抢了风头？

这花绿绿白白清清爽爽，似乎永远成不了主角，叶子碎得可怜，花也毫不出奇，就那么零零散散的白，像是绿墙上未抹干净的石灰印，满天星的世界里永远有一场没弄完的装修工程。

总得有几千上万种花吧，或雍容或素雅，或张扬或内敛，每一种花都独具性情，屈了指头数，似乎只有这不起眼的满天星无法让人提起兴趣。针状的叶子多少有些山寨松枝的感觉，却完全找不到松树的坚韧，杂杂乱乱地不美还好意思伤人，平时也只长茎不开花，即便努力开了也不伦不类，单纯的白色实在太过安静，而且偏生花小得几乎看不见，于是似乎也只好以数量取胜，要么不开，一旦开了就铺天盖地，简直有些放肆了。

于是，无论是山巅低谷，无论是居家还是送人，满天星永远只配在花束的最外沿做些陪衬，哪里读得出牡丹芍药的香艳啊，做些陪衬似乎都是给足了这小花面子。

一路上居然越走越气，气这满天星的不识时务，也气自己何必听信花店小姑娘的劝说，找这些扎人的小东西来折磨好天气。

倒是朋友满心欢喜，把花移到花瓶里，天堂鸟还是居中。花瓶太小，朋友把几枝大红的康乃馨放到一边，插了些满天星进去。我奇怪，那么好的花，怎么就偏偏被朋友淘汰了，独独钟情小小不然的满天星。

“看，这些花太艳，艳得几乎俗了，少了满天星，就过于油腻。”朋友笑。“就像红烧鲤鱼上撒几片葱花，就突然爽心悦目地有了食欲一样。”

歪着头端详半天，突然懂了。

哪一部电影少得了配角？主角配角相得益彰才是一部丰满的故事，花也一样啊。有了满天星的陪衬，这些主花才错落有致，轻重疏密、浓淡俯仰的显出层次来，那些浓烈的大红大绿中突然缀了星星点点的白，于是，婀娜身段款款莲步就都有了韵味。不用手段，不费心计，淡雅安静得惹人疼。

配角大多有着安然的心，和成人之美，甚至比主角更要多些豁达之心。记得越时的郑旦吗？那乡下女子本来是西施的邻居，不仅人长得漂亮，更是喜好剑术，性情开朗刚烈。西施说自己脚大，郑旦就裁了纱给她做长裙；西施说自己脸小，郑旦就陪她临井照镜，一点点让西施去了自卑之心。随后，与西施一道送往吴国，功成之后，人们只知道西施的沉鱼之美，却没人提及郑旦的名字。

绍兴诸暨的西施故里，大多数人去的其实是郑氏宗祠，只有明白人细细打听之下，才会穿过浣纱河去西施殿后面的西施家。相比之下你会发现，郑氏宗祠是个极富有的民宅街区，而西施家只是几间茅草房。于是懂了，郑旦不仅出身贵族，而且无论容貌信心都要比西施强上好多倍。可是，这世界上偏偏就没有关于郑旦的传说。

那不就是满天星吗？错身后退半步，把光彩全留给主角，这也是满天星式的配角的成全。

有人说郑旦就是西施本人，郑逸梅在《艺林散叶》中说："西施郑旦实为同一人。因西施母姓施，父姓郑，乃施家之赘婿。"而在老家诸暨鸬鹚湾村，人们更愿意相信郑旦确有其人，她和西施一样，临危受命，忍辱负重，以身许国，甘心站在西施身后，以一束满天星的本分成全着牡丹般艳丽的西施。如此一来，无论是西施还是郑旦，都丰满得让人惊艳落泪。

电影《致我们终将逝去的青春》里，张开在阮莞坟前说：你知道满天星的花语是什么吗？是甘愿当配角。这些年，我怀揣着对你的爱，就像窃贼匿藏着偷窃来的赃物，永远都见不得天日。谁都不知道我一直爱着你……

满天星： 多年生草本，高30厘米～80厘米。根粗壮。茎单生，稀数个丛生，直立，多分枝，花小而多；花梗纤细，周年开花，花色洁白。

满天星一般用作主花的衬材，常被称作"伴娘花"。代表着思念、清纯、梦境、真心喜欢、守望爱情、甘做配角的爱，但不可或缺。

9 白牡丹：黄生

游崂山，一路向太清宫走，路过八仙墩，读宋绩臣的留诗："一蓑一笠一髯叟，一丈长竿一寸钩，一山一水一明月，一人独钓一海秋"，听导游振振有词，宋太祖手栽的树龄达一千多年的银杏树还是枝繁叶茂，然后脚步自然就停在了那两棵耐冬前。

耐冬又名山茶，性爱冷酷，常是隆冬时节迎风绽放，故名"耐冬"。太清宫门前这两棵，右边那株名"绛雪"，据说花期一到，硕大茂盛的花朵从树冠一直开到地面，好像下了一层红色的雪。想想就美。这棵树胸径60厘米，足足七八米高，已经挺立了600余年。

那些坚硬的生长实在令人汗颜。

当导游嘴里吐出“绛雪”两个字时，心中略略一慌，把眼光从那棵山茶上移开，左右巡视：既然绛雪在此，那么，那株白牡丹又在哪里？

牡丹，听名字就像足了一首宫体诗，华贵雍容，典雅婀娜得像一位贵妇人。

有诗说：“谷雨三朝香气摇，光华尤觉满云霄。雪霜历尽精魂在，一夜春风吐二乔。”显然是把花当作了人。

那些从沿河的小巷里安安静静扭着腰身出来的华丽妇人，牡丹般的仪态该是明清女子吧，脸上略略施着脂粉，那种旧时的粉红像晕开的羞怯，在午时的雨后，一些枝枝蔓蔓的绿，正从头顶的屋檐上缓缓爬过，连阳光也带着慵懒的草色了。那些女子在风里走，步步生莲，把人间烟火荡了个干净。

她们是要去太清宫吗？许一个白头到老的愿。一步一拜，裙裾上折着一束半开的牡丹，若凌波仙子。

牡丹本就是花中仙子，是带着艳色的仙风道骨。要么不开，开就开个透彻，海碗大小的洁白淡粉微蓝，各色都离不了随风飘去的仙意，像爱情，和爱情里那些剪理俱乱的纠缠和厮磨。

却又独独在太清宫里找不到牡丹。恍惚之间，总是错愕地以为，那枝头绿意丛生的绛雪，说不定哪天就一病不起了。

不是咒它不得好死，实在是蒲松龄的《香玉》简直成了太清宫的招牌，也成了此处导游必备的一课。

《聊斋》里，借居太清宫的书生黄生不经意地看到一株“花时璀璨似锦”的牡丹，再定睛看时，又分明是白衣红衣两位美人。爱美之心令其春心大动，于是题诗作记。哪想到那白衣女子居然推门进来，美人白衣胜雪，自称“香玉”，说红衣女子，就叫“绛雪”。

合该又是一场悲欢离合。园中的那株白牡丹被客人相中挖走栽到别处了，黄生明白自己是爱上了一个牡丹花妖，却也不怕，愈发爱得深切了，每天怅惋不止，作哭花诗，每天到挖空了的花穴前吟诗痛哭，绛雪代妹相陪，黄生仍是苦恋香玉。此举感天动地，于是，花神准香玉以花魂来见。只是魂虽相见，然形体仍离，黄生每天独对花魂，更感空漠。于是花魂说，“郎君用白蔹屑，再稍掺些硫黄，每天到我的穴处浇洒一次，明年今日我将复活。”

黄生依言而行，果然第二年，“花一朵，含苞未放，方流连间，花摇摇欲折，少时已开，花大如盘，俨然有小美人儿坐蕊中，裁三四指许，转瞬飘然已下，则香玉也。笑曰：‘妾忍风雨以待君，君来何迟也！’”

黄生亦笑，“他日我可寄魂于此，便在你身侧不离”；香玉笑答：“郎君可不要食言哦。”

那一刻，该是所有关于爱情描写里最动情的一节了，本以为该是最高潮时的一声铃响，电影大团圆的结局已经足够好了。

后来黄生病重，自知大限即到却不悲反笑：“这不是我的死期，而是我的生期，可以与香玉魂归一处，有什么可伤心的呢？”又吩咐身边的道士说：“他日若见牡丹花下有红芽新吐，一开五叶，那便是我了。”言毕即逝。

第二年，牡丹花下果有花芽生出，叶子恰好就是5个，这五叶花长得极慢，随牡丹荣而荣，谢而凋，缠绕而生，不离不弃。那老道士后来死了，他的弟子们见这不开花只长叶的五叶花碍事，就将它砍掉了。

这姓黄的书生远比许仙之流可爱得多，许仙见蛇就跑，而黄生明知是妖也爱个结实，“花以鬼从，人以魂寄”。生不同期死同期，生即相随死亦从，这才不枉牡丹一死谢知音。

《聊斋》说五叶花新亡，那正怒放的牡丹也一夜凋零，自将枯萎，随后那名叫绛雪的耐冬树也死了。

可眼前明明是那叫绛雪的耐冬树还青绿可人，稳稳地占据着花期。杜丽娘为情而死又为情而生，黄生香玉则为情死生轮回，生死不离，痴情如此。是蒲松龄的故事造就了太清宫，还是太清宫催生了《香玉》的故事，已经没有追究的必要了。眼前的绛雪还在，那株叫香玉的牡丹呢？花开花落，谁与卿待？

也许，为了爱一场，所有的好光阴，都可以“与卿待”，能爱，敢爱，这世界，就足够好。

牡丹：多年生落叶小灌木，生长缓慢，株型小。牡丹是我国特有的木本名贵花卉，素有“国色天香”“花中之王”的美称，长期以来被人们当作富贵吉祥、繁荣兴旺的象征。上古原无牡丹之名，统称芍药。唐以后始称木芍药为牡丹。唐开元中，牡丹盛于长安，至于宋以洛阳第一，在蜀以天彭为第一。他花皆以本名，唯有牡丹独言花，故有花王之称。

寓意圆满、浓情、富贵、期待，淡淡的爱，用心付出。

10 毒蝇伞：玉石琵琶精

弟弟搬家，翻箱倒柜热火朝天，也不知从哪里翻出一只很久以前的红白游戏机扔在一边，侄子聪明地意识到了这玩具的可爱，插在电视上一个人玩得大呼小叫兴高采烈。是当年风靡的《超级玛丽》。

游戏中的小人头一顶，就会顶出一个花花绿绿可爱的蘑菇，吃了它，小人就长高一截，很快长大成人，也威力大增，挡我者死。侄子跺着脚大喊过瘾，“这蘑菇好啊，像大力水手的菠菜。吃了就有力量。”

力量和一只毒蘑菇有什么关系？当年，堪称伟大的任天堂的游戏制作者们成功地借鉴了这只看似可爱的毒蘑菇，圣诞老人、壁炉、袜子、驯鹿和这只神奇的蘑菇，就构成了整

个狂欢圣诞的全部内容。小孩子们都喜欢过圣诞，因为白胡子老头可以驾着驯鹿从天而降，给他们带来好运。而据说驯鹿正是吃了这种名为毒蝇伞的蘑菇中了毒，在迷幻之下获得了神奇的力量，才可腾空飞翔。

没有毒蝇伞，驯鹿就不会飞，就不会带来圣诞老人和礼物，也不会带来一个叫《超级玛丽》的游戏，似乎全世界的欢乐，都来自一只毒蘑菇，是不是作秀的嫌疑太重了？

世界上的蘑菇有几千种，其中有毒的占一半以上，但没有一种毒素能让驯鹿跃空飞翔，也不会带来那个多事的老头。一切的美好其实都很文艺。

当然，世界上的植物类属里也没有这样一只有着红白斑点的菌类存在，它只是一种大众文化范畴中概念式的存在。

早在1940年，迪士尼的经典动画片《幻想曲》里就成功地刻画了一群会跳舞的菇类，它们扭动着粗矮的身体，合着拍子翩翩起舞。后来的《蓝精灵》则是经常把毒蝇伞画在座位或是房子的外墙上。从文艺复兴时期开始，浪漫主义构思开始成熟，毒蝇伞的形象频繁地出现在绘画和卡通制作中，并成为仙女主题的动画中最主要的素材。

它是不是活生生的一种植物，似乎早已没有人对类似的问题感兴趣了，它能带给人迷幻般的快乐才是真格的。

像爱情。

问世间情为何物？生死相许就是爱情吗？爱情是精神上的东西还是肉体的欢娱？答案林林总总，这是个最高深的科学命题，却非要人们以最朴素的感觉去填空，这实在让人哭笑不得。

但是谁又离得了爱？那迷幻得让人恍惚的满足感和亢奋感，任何事物都无法替代。

甚至，妖也不能。

普遍意识里，那些变化为妖的无非是些狐啊狼啊有生命的动物，为了贪恋世上红尘而不厌其烦耐住寂寞苦心修炼，求一个花好月圆。至于那些石头树木的就算了吧，身为生命体的一员，人类更愿意接受同样有生命的动物们来世上妖言惑众一回，即便是贾宝玉口中衔着的那块石头也只是托了人形登台亮相，谁会天才地让一块石头当上主角粉墨登场一回，且还是能情动天地的那种！

这实在太异想天开了。

可是，偏偏就有不安分的石头。《封神演义》里著名的轩辕坟三女妖，一个是九尾狐精妲己，一个是九头雉鸡精喜媚，第三个居然就是一块石头。

和贾宝玉嘴里那块一样，所有关于玉石的传说都该是冰清玉洁的，本是该少些媚俗的感觉。那些天地间的精气集合而成的绝美的石头再被雕成琵琶，装了弦，夕照小轩窗时被

美人横握着弹一曲舒缓的调子。消磨一个晚上，玉指如笋、如泣如诉，彼时当有月凉如水，长歌当哭，为求周郎顾，时时误拂弦，如此还不够好吗？一只玉石琵琶，干吗还不安分守己地做她的琵琶，何苦一心修炼什么法术妄想来世上走一遭？

也许只是不甘寂寞吧，也许夜太凄冷，而玉本身，又是凉透骨，她想的只是暖一暖身子，用火，用拥抱；或者，用爱。

只是，一千年啊，太久远漫长了。那么辛苦，得了道，成了妖，好好地迷她的书生去啊，何必要跟纣王讨一个公道，替天行道？天降大任于斯人啊，可是，你连人都不是，一只石头做成的妖，折腾什么。

用女人毁掉一个男人，这是所有文学家的拿手好戏。

三个女妖果然厉害，纣王已经无心再理国事了，江河日下，纣王的江山快不行了。可偏偏出了一个开了天眼的比干来坏事。于是，三个妖联手干掉了比干，谁知东宫姜后和两个儿子殷郊、殷洪察觉了比干是妖怪害死的，跑到纣王跟前告状。几个妖见大事不好，纷纷避开了。

避是避了，可是那玉石琵琶不安分地躲在帘子后面偷看。好奇害死猫啊，这一看，变故来了，爱也来了。那块石头居然无师自通地学会了爱情。

玉石琵琶精是真心地爱上了潇洒的殷郊，只是爱情在谍战片里显然是不允许上场的，妲己及时地提醒琵琶精，你来这里是有着伟大的任务的，谁让你荒废了事业来卿卿我我谈情说爱来了？而另一边的殷郊也得到了一张镇妖符，还按照说明书挂在了皇宫里。

这一挂，琵琶精再来约会时就晕倒了；这一晕，把爱情摔丢了。姜子牙抓到了琵琶精架在高台之上打算烧死她。可她是玉啊，本就是一场顽固不化的石头，就像她对殷郊那不设防的爱情。那烈火中的石头，越烧越美丽，不仅美丽，她还在微笑，为自己痴迷不悔的爱情，和那个自己深爱着的殷郊。

姜子牙想到了三昧真火。而琵琶精也被三昧真火一烧就显了原形。

一只玉做的琵琶，该有多美？作为一个不成功的女妖，她出师未捷身先死，身先死了还不说，千年修炼毁于一旦。爱，是她的三昧真火，只一烧，就玉石俱焚身心俱碎。

一直做她的美玉多好，何苦来这世上爱一回。

可是啊，没有爱，甚至连一块石头也是不完整的。没有爱，还修炼什么？爱不是动画片，却有着动画片里所有的要素：爱恨、悲喜、得到和失去、满足和遗憾，生与死，还有这其中赖以支撑的一个名叫“活着”的名词。

喜欢读书，哪怕只是一本哄孩子开心的《封神演义》，书就像一个名叫《超级玛丽》的电子游戏，是一种神奇的东西，它可以仅用一只蘑菇就满足了全世界。它有毒，让人在

迷幻中得到快乐，像海洛因，容易让人上瘾；像爱，容易让人哭笑连连，痛并快乐着。

毒蝇伞：一种含有神经性毒害的担子菌门真菌，鹅膏菌属之一。为典型毒菇，有一个大的白色菌褶，白色斑点，通常是深红色的菇类。存在于众多儿童文学作品中，卡通的红白相间的造型让每个孩子都大呼可爱。

在文学作品中的意义代表着普度众生的慈悲和爱。

11 珙桐：王昭君

初见珙桐，在纳雍。

临街的小酒馆，还没喝就醉了。

窗外锣鼓喧天，“珙桐之乡——生态纳雍”摄影展正如火如荼，身边高高低低各色人等背着长枪短炮，把这个从殷周时期就生生不息的顽强小镇纳入镜头。隐约能看到窗外新移来一株鸽子树。

鸽子树，又名珙桐，树如其名，高高大大，不信你看，稍稍直起身，它硕大的枝蔓就可以闯进来，不香，却足够健硕，带着一团一团的怒放的花，涌动着，仿佛要撞到你怀里来。

有个成语叫“夜郎自大”，说的就是夜郎国的人自视太高成了笑柄的故事，纳雍古属夜郎国，但你看到这种珙桐树的时候，自大感就变成了自信和自重：那花枝乱颤的热闹，让整个春天都变得鲜活可爱。

有个故事应该离那个成语的时代不远。传说有位夜郎国公主名叫白鸽，白鸽很有些花木兰的英雄气，每天习练骑射，外向而勇敢。有次在打猎时，突然被一条大蛇缠住，然后，自然就是英雄救美了，这个叫珙桐的青年猎手刀斩大蛇救下公主。

哦，还是简短截说吧，一个贫富差异太大引发的爱情悲剧。父王派人将珙桐射死，公主得知消息，换上素衣来到山上，一哭成血，染红素装。忽然雷声大作暴雨如注，在珙桐遇难的地方长出一棵小树，不多时已成参天之状。公主扶树恸哭化身白花挂于枝头，花朵的形状宛如活泼可爱的小白鸽。

类似的凄美爱情在民间版本太多，望夫石、回头崖，甚至那个叫孟姜的女人连长城都不放过，如此的小曲折已经见怪不怪了，但爱情，那些看不到头的爱情，总是让人唏嘘。

鸽子树很强壮，比如，我刚刚从窗口看到的这棵足有20米高，短枝如臂，心形的叶子像是刚画到布上去，新鲜油亮，无数的白花次第开放，异彩纷呈。据说，周恩来称其为

“一树奇光带春景”。定睛看时，果然满树白鸽展翅欲飞，煞是喜人。

酒菜凉了，到了收拾残局的时候。站起来往外走时，在楼梯的拐角发现了一幅画。淡淡的笔墨，老旧的纸，几笔苍凉味道。鸽子树在左，一树繁花摇摇欲坠，树旁一辆篷车，珠帘半挑，美人如玉，琵琶在手，远处是戈壁黄沙落日。似乎有一股孤绝之气自笔墨之间冲杀出来。

那曲子，该是《胡笳十八拍》吧？看得出，画的是昭君出塞。

那是个永远和琵琶做伴的女子，陪着她的也只有斜阳蔓草、塞外笛鸣。汉家的霓裳换了粗制皮裘，没有葡萄美酒，也没有夜光杯。

当年，目中无人的中原民族除了修长城就是嫁汉女，他们的尴尬在于，既不屑于与异族小邦言和握手，又打不赢，于是用一座土夯泥筑的城以示不容侵犯，男人无计可施就让女人来救天下。“以女人换和平”实在是一记响亮的耳光。

于是，刘细君王昭君们在大篷车上一路晃啊晃，晃到塞外，嫁一个从未谋面的男人，喝马奶，唱胡歌，以期求一个舍身取义的好名声。

“边城晏闭，牛马布野，三世无犬吠之响，黎庶无干戈之役”，一个女人就换来刀枪入库的和乐，男人们也可以杯

酒言欢再无后顾之忧了，历史称其为“雄才伟略”，男人们更可以拍着胸脯声称自己远见卓识功高至伟，还捏着鼻子说：“一身归朔汉，数代靖兵清。看，要不是我如此英明，把你嫁了过去，你能青史留名永世不朽吗？”

朽不朽的，对于女人来说很重要吗？女人才不管什么国家大事，女人只要安稳地绣她的花，做她的饭，晨起时洗罢全家的衣裳，然后坐在村口的老槐树下，等一个必要归来的人，四方小院三分田，听鸡叫看儿欢，在日子里平安老去，求一个平凡的美好。

嫁给匈奴王呼韩邪后，本已有了一个孩子，只是3年后呼韩邪就死了，昭君向汉朝上书求归，信曰：“臣妾幸得备身禁脔，谓身依日月，死有余芳。而失意丹青，远窜异域，诚得捐躯报主，何敢自怜？独惜国家黜涉，移于贱工，南望汉关徒增怆结耳。有父有弟，惟陛下幸少怜之。”汉成帝令“从胡俗”，胡俗就是“父死从子”，不是“听从”，而是再嫁。于是，昭君又嫁给了呼韩邪的儿子复株累，再育二女。33岁时就默默死去，再没见到过汉家模样。

那些胡风荒漠的日子里，相夫教子的小幸福是不是足够满足了呢？据说入宫时，那些想让皇帝垂青的女子会求画师将自己的画像画得漂亮妩媚一些，以引起皇帝的注意，于是会给画师很多钱。昭君家贫，也不屑于此，结果画师毛延寿在画像的时候在她的腮下加了一道疤，汉元帝看了像，自然忽视昭君，在选出塞宫女时就点了这个并不漂亮的女子。而当昭君登车欲行之时，元帝初见昭君，惊若天人，但又无法食言，只得咬牙强欢。听说昭君刚嫁，元帝就抑郁成疾，当年夏天就撒手归西，年仅41岁。清人有诗："汉主曾闻杀画师，何由画师定妍媸？宫中多少如花女，不嫁单于君不知。"

画师之罪成全了呼韩邪，也成全了昭君的落寞。那些大漠落日里，昭君东望长安，篱下植花接草，以一个小女人的身份换来汉匈两族50年的和平："汉武雄图载史篇，长城万里通烽烟。何如一曲琵琶好，鸣镝无声五十年。"琵琶声声里，草木斜阳下，有落雁之称的汉家女，早已人老珠黄，剑戟归田尽，牛羊绕塞，一场婚礼就换来天下大定四方祥歌，只是那曲下琴弦，颤得几人能懂？

一个女人的青春就这么老了。

这也是另一个版本的珙桐由来：昭君身在胡地，心思汉家，于是，手栽异树几棵，亲养鸽子，每日携其手字放飞。想是以鸽传信，代她的肉身回到汉家。鸽子常是数日方回，栖于树上，遂化为花，此树便被称作鸽子树。

传说总是美的，就像那些唇齿留香的故事，总是夺人眼泪。

杜甫有诗："群山万壑赴荆门，生长明妃尚有村。一去紫台连朔漠，独留青冢向黄昏。画图省识春风面，环佩空归夜月魂。千载琵琶作胡语，分明怨恨曲中论。"

嗯，她的坟在内蒙古呼和浩特大黑河南岸的一小块平原之上，孤零零地一站，就是两千多年。

珙桐：大植株落叶乔木，高可达20米。单叶互生，叶纸质，近心形，核果紫绿色，花期4~5月，果熟期10月。夏初开花，从初开到凋谢色彩多变，枝叶繁茂，叶大如桑，花形似鸽子展翅。是植物界中著名的“活化石”之一，有“植物之中的大熊猫”之称。

珙桐花开为白色，花苞如穗，有风吹过，满树白花在叶中隐现浮动，如白鸽栖于枝头振翅欲飞，故有象征和平的含意。

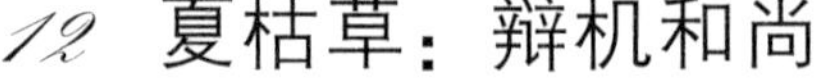

12 夏枯草：辩机和尚

总感觉夏枯草应该是个儒雅风流又性情刚烈的男人，从某部仙风道骨的线装书里走出来，经卷在手管笛横斜，眉目清秀玉树临风的那种。举手投足间沾不得半点烟火气，活得魏晋风骨、横平竖直。

那些初雨之后的傍晚，书房门响，吱扭一声，那男人一身书香从暗处出来，口中兀自念着子曰诗云的美句子，夏枯草就在身旁开着。

那是些浅紫色的俊草。是的，俊。不是美，是细碎的刚阳，它们一丛丛向着阳光的来处张望着，努力生长，叶子上带着惊恐的小刺，花也警惕性极高，一团团热烈得让人不敢对视，只想低头。

夏枯草的俊，是不用香气争宠的，也不屑于争宠，甚至俊到有些平庸的丑。它稳重自持，心境洁白，很有些佛家的禅意，那是深得“清微淡远”真旨的，夏枯草靠的是气质取胜。

春刚到，雪还未散场，那草就悄无声息地抢了春天的风头，一路长啊长，沉实稳重又不露声色，然后一夜风来，就开了个风华正茂。即使是开花也不露香不争艳不招蜂引蝶大张旗鼓，只是啪啪啪地弹出花苞，然后日历翻到夏至，挥一挥衣袖，收拾好了，上路。

禀纯阳之气，得阴气而即死，一丝一毫的冷都禁受不起。夏至这一天就是大限。人都说生如夏花，说的就是这种它花正艳我先煞的决然之花，它的最后一天，永远是夏至。

古人说，夏至即夏季的最后一天，没有夏的猛烈和纯阳气概，我宁愿不活。这么有性格的花草，人们也自然不好辜负这份毅然决然，也就没按部就班地套个以花形花貌命名的老路数叫他什么鸟什么葵之类的。人们就叫它夏枯。

这刚阳气魄，像不像那个名叫辩机的和尚？

“远承轻举之胤，少怀高蹈之节，容貌俊秀英飒。”这是我见过的形容男人最美的词汇了。15岁剃度，26岁入选成为玄奘法师传回经卷的翻译人，“助三藏法师玄奘，敬执梵文译为唐语”。要知道，在贞观年间，能成“缀文大德”

的，都是得道高僧。

辩机得道了吗？显然没有。虽然他因为帮助玄奘撰成《大唐西域记》一书而名动天下，但他仍是一身凡胎，因为他修行多年，始终没断了儿女私情。金凤玉露一相逢，真的能胜却人间无数吗？与高阳公主一面之缘，已让这个和尚坏了金身。

那时候辩机还只是一个未出名的小和尚，却能让李世民的掌上明珠、已嫁人生子的高阳公主垂青。凭什么？高阳公主赠其玉枕一只，也让这和尚乱了方寸，夜夜抚枕方能安然。

于是，一个枕头坏了好事。高阳公主和辩机惊世骇俗的恋情成了公开的展览品。自感丢尽了脸面的唐太宗怒发冲冠，立即下诏将辩机处以最为残酷的腰斩之刑。高阳公主毕竟是太宗亲女，未受皮肉之苦，但唐太宗下诏永远禁止她入宫，等于断绝了亲缘关系。一个和尚的爱情就这样以扑鼻的血腥收场。

辩机和尚立即就从一个德高望重的大德之僧成了淫僧、恶僧。他参得透生死，却参不透情爱。

你眼前的我是红尘万丈
我眼里的你是化外一方
若你跳得出去，且安心做你的和尚

我只记取你当初的模样
白衣胜雪，才冠三梁
若跳不出去
请和我于红尘里相爱一场
醉笑陪君三万场
不诉离觞
……

一个和尚，居然窥测大唐公主。爱，本就是一场飞蛾扑火的惨剧，远比佛法还要难修正果。毕竟，佛只需要高坛说法，而爱，要接着地气，近着人间烟火；佛法可以按规矩而行，爱却没有一个既定的模式，街角相遇的一瞬间，已胜却了千年修行。半年之后，唐太宗驾崩。被他视为珍宝的高阳公主没有掉一滴泪，心，早已随辩机而去，一个没有心的人，何来爱恨眼泪？

那一天是不是夏至没有人考证，但刑场上的辩机面容平和，如临佛照。身后有人凄厉地喊着他的名字，他没有回身，在铡刀前合十而坐，然后躺下去。满天流云。

《大唐情史》里有一个细节，辩机躺下时发现铡刀口上有一只拼命寻路的蚂蚁。和尚一笑，轻轻地把蚂蚁托在手上，放他一条生路，再叹息一声，重整衣襟，躺好。

夏枯草：别名麦穗夏枯草、铁线夏枯草，多年生草本植物。匍匐状生长，茎高30厘米；叶细碎，疏生锯齿；花浅紫至绿白等多色，花柱纤细，小坚果黄褐色，花期4~6月。

夏枯草适应性强，整个生长过程中很少有病虫，春尽时生，夏至即死。

寓意坚贞果敢，不含瑕疵的爱和宁死不屈的贞洁。

13 迷迭香：冯小青

喜欢一件事物，通常会先从名字开始。比如当归，长得奇丑无比，分明就是一团被刨出来的老树根，但只凭那名字，一读出来，就唇齿留香，让人心神荡漾。

那是些被岁月侵蚀太久的匆匆行色，妇人们不嫌老，只嫌音信皆无，于是每每站在村口，望来路，喊一声：夫君，当归啊……

好名字总是让人有赞美的冲动。当归是一例，迷迭香又是一例。

那名字听上去就痴迷恍惚，像酒里的女儿红，来不及喝，刚一听名字就醉了。

这名字很有欧洲范儿，据说也是引自欧洲。《圣经》中说，迷迭香的花本来是白色的，圣母玛利亚带着刚出生的耶稣逃往埃及的途中，曾靠在一棵迷迭香树上休息，随手将她的裙袍挂在树上，从此以后，迷迭香花就转为圣母钟爱的蓝色了。在欧洲，迷迭香被广植于教堂四周，教徒将它视为神圣的供品，因此，迷迭香又被称为“圣母玛利亚的玫瑰”。

想想就有种温厚的暖，这暖持久，似乎足够抵得住世态炎凉。只是，谁又只靠一束花就求得了救赎？这世界上，骗人的东西很多，而真正能值得我们信托的又实在太少。就因为这样，那些细弱得连风都不忍用力吹一下的花才死死团抱在一处，彼此依靠着，取暖，生香，结籽，落地，生根。像些穷门小户人家的女儿，深闺里藏着，即便是开窗，也只半露着脸，娇小羞怯，紧紧地推着窗扇，生怕撑窗的竹竿落下去伤到人。

她们绣花，读书，偶尔纺织，洗染，然后裁些衣衫来穿。午后会出去院子里，浇水，锄草，让那些花更壮一些，再娇喘连连地回到楼上清洗、打扮，盼那些吟诗的公子，从半开的窗下路过。

真的是花如美人人如花啊。这些个春夏秋冬，哪个季节里都应该花团锦簇才好，不然，这世界太冷清。

迷迭香的弱小也就如娇女，纤细，没有一丝的危险，甚

至是楚楚可怜弱不禁风的，越是这样，越惹人疼。多少人给它搭了棚，遮阳挡雨，就为了这小小的娇气十足的花能久一些，香一些，生怕招了虫淋了雨受了风，一丝丝的损伤都比花还疼。

可这迷迭香，怎么就天生病态呢，病了，还平添些美，让人心头一紧，眼中一酸。

你一定说我是想到黛玉了。错，是小青，冯小青。

《红楼梦》中的黛玉是以冯小青为原型的。这消息多少让我有些吃惊。毕竟明清之后，以黛玉为原型的哀怨悲女形象简直太多了，而这哀秋的始祖居然也有原型。

读潘光旦先生的《冯小青》，始信其真："冯小青，名玄玄，字小青。明代万历年间南直隶扬州（今属江苏）人。嫁杭州豪公子冯生妾。讳同姓，仅以字称。工诗词，解音律。为大妇所妒，徙居孤山别业。与《西厢记》《牡丹亭》为伍，凄怨成疾，抑郁而殒，生前焚烧诗稿。命画师画像自奠而卒，年十八。黛玉形象实以小青为原型。著有《青词》。"

形美，才盛，怜花爱草又喜诗善画，更加上身世凄怨，不正是迷迭香吗？

小青是常要推窗看看这花花世界的，"垂帘只愁好景少，卷帘又怕风缭绕；帘卷帘垂底事难，不情不绪谁能晓！"世上识文断字的公子多，懂她小青的却少，嫁为人妇，却只是做妾，还要受婆婆的气，不得不搬来西湖孤山上来住。

孤山上曾是住着梅妻鹤子的林逋的，只是山还在，梅还在，放鹤的人已经驾鹤西去了。当初那个书生与自己诗筝唱和的故事早成往事，现在的丈夫只是个被正室欺压得连头都不敢抬的懦夫。一琴一诗一病身，山间的花开了落，落了开，是不是又该掸帚打扫了？

没有镜子，自己该是病得很难看吧。她求丈夫找来画师给自己画像。没数日，画成。小青让人将画像裱好挂在床边，在画像边题诗：

新妆竟与画图争，知是昭阳第几名？
瘦影自临春水照，卿须怜我我怜卿。

墨迹未干，香消玉殒。

丈夫冯通在此诗之后又补上“我负卿！我负卿！”六个字，连同小青的诗稿一同带回家中，只是诗稿和画像被原配崔氏发现，不容分说丢到炉火里。冯通扑上去抢时，只剩一些零散的诗页。结为《焚余集》以纪。

冯通并没有走忘恩负义的老套路，他只是惧内。如此说来，只是文弱，还算不上坏，倒是小青让人更高看一眼，《焚余集》里有一首诗：

稽首慈航大士前，不生西土不望天。

愿祈一滴杨枝水，遍洒人间并蒂莲。

诗中丝毫没有对自己的怜艾，只是求观音菩萨广施甘露，成就天下有情人。据说小青墓在西湖孤山的玛瑙坡旁，墓碑上简单几个字："明诗人小青女史之墓"。很多大诗人都来过坟前题词留句，无非怜其才，而伤其命薄吧。

西湖去过了，孤山不孤，也走了几回，倒是那玛瑙坡畔的小青墓总是被林逋的名头遮得暗淡。也许下次到西湖，该寻一寻小青。

外面天色尚早，披了衣服，去图书馆找一本名叫《焚余集》的册子。

迷迭香：唇形科灌木，别名海洋之露。常绿灌木，株直立，叶灰绿、狭细尖状，幼枝四棱形，密被白色星状细绒毛。叶常常在枝上丛生，有茶香，味辛辣、微苦。性喜温暖气候，遇寒则凋。

意大利少女求爱时，会用迷迭香花轻叩心上人的手指，对方若是有意，即会取过花折成花环戴在少女头上，向少女表达自己对爱的忠贞不渝。

迷迭香也代表着忧伤的回忆，是钟情、友谊的象征："你给我的承诺我不会忘记，请你永远留住对我的爱，不要忘了我。"

在意大利，迷迭香会当做追忆的象征，在葬礼上抛进死者的墓穴，以示对死者的敬仰和怀念。

14 鬼脸花：蓝采和

诸花之中，大概鬼脸花是最顽皮的了吧。它们伪装得像一株普通的草，深低着头，不声张，不造作，也不张扬。当有风过，猛一抬头就吓你一跳。

一花三色，第一眼看时我就惊呆了，那艳香怪异得像一件百衲僧衣，破虽破着，却透着淡定禅意。

其实鬼脸花不美，单片的花瓣，不像芍药层层叠叠光看花的个头和容量就足够饱满了，鬼脸花太单薄；牡丹太文艺，似乎随便开一开就坐拥千里青山；杜鹃太野性，浑身上下透着想跳想舞想飞的不安分的青春感；芙蓉类的就太悲秋伤春，总和怨女离妇的愁思分不开，想来想去，简直不敢给这通俗的接着地气的鬼脸花归类了。

据说，爱神丘比特每天拿着爱情之箭乱射，被丘比特之箭射中的人都会情不自禁地爱上第一个从他身边路过的异性。那天无事，丘比特再次施展了他的绝技，没想到随手一箭，没有射中人，却射中了一株堇菜花。白色的堇菜花慢慢地垂下头，花蕊里流出的汁液干涸成很多种颜色的花瓣，于是，人们把这种一花多色的小花称为鬼脸花。

这带着箭伤的小东西习惯在清晨开花，原来低头含苞，一旦开放就挺直了胸，很自信的样子，风中摇摆着像是欢快雀跃的小花猫，俏皮又可爱，活泼又生动，似乎满身的活力都拼命地在每一个毛孔里往外钻，向风里飘。

仔细端详，这鬼脸花甚至是丑的，你根本看不出它的美在哪儿。植株像草，花也单片的瓣，单调得乏善可陈，除了稍显特别的一瓣三色。像个穷苦人家的孩子，即便是年节新衣也毫不出众，默默无闻的开它的花，结它的果，然后合上花瓣低下头来，继续冒充它是一株草。

那么平凡普通，那么文文弱弱无人问津的花开花落里，它会不会寂寞？每一个花期都是花的年节，过年了，花开了，那穷苦人家的孩子，换上压在箱子底下的粗布衣裳可能也比不上富贵家平日里的衣装，但那是货真价实的年节，是货真价实的新衣裳。盼星星盼月亮，就盼着大年三十这一天。衣裳虽然普通，却是母亲的一针一线；年节虽短，却可以最放肆地狂欢，堆雪人，放鞭炮，吹花灯，也可以任性地

开一回，学不来富贵人家的大鱼大肉，就陶醉在粗茶淡饭的日子里吧，毕竟，花开一夏，莫辜负了好春光。

很想知道那中了爱神之箭的鬼脸花最后爱上了谁呢？一个拍马横剑的勇士，还是一个手握经卷的诗人？

我是爱上了这野花的，不名贵，却怡然自得；不风雅，却独领风骚；不雍容，却个性十足。至少在万花丛中你找不出第二种类似的花来，它一出生，就标新立异，自得其乐，从没想过哗哗众，取取宠，它唯一能证明自己不是一株草的本钱就是那三色一体色貌怪异的花瓣，它开在铺天盖地的绿草之间，悠然自在地享受着天地灵气，过自己的丑日子。

谁说花没有仙气？哪怕只是一株扮着鬼脸的花。

丑到极致就是美，甚至是大美。就像济公，像蓝采和。

济公是“鞋儿破帽儿破，身上的袈裟破”，相形之下还不算个性张扬,毕竟一个和尚该有的行头都有。

蓝采和却“衣破蓝衫，一足靴，一足跣，夏则披絮，冬则卧雪，气出如蒸。手持大拍板长三尺余，似醉非醉，歌云：‘踏歌蓝采和，世界能几何。红颜三春树，流年一掷梭’”，洒脱得连修炼成佛的济公也差着半截放荡悠哉。

和电视剧里青春正好神采俊朗的蓝采和不同，文学作品里的原型根本就是个要饭花子。可是蓝采和并不乞讨，手里拎着个破竹篮也不是电视剧中那样可以变戏法似的随时有取之不尽的花朵，而是空空如也。每天沿街叫卖，人们问他卖的何物，他答，“一篮装得下世间万物，于是万物为空，空即万物”，简直是得道高僧的机锋啊，有好事者买了他的空气，把铜板给他，他就坐在街上，用绳子穿了铜钱，“拖钱而走”，掉了钱也不停步，连看都不看一眼。

就这么一路走一路歌，“带醉踏歌，老少皆随看之。机捷谐谑，人问应声答之，笑皆绝倒，似狂非狂”。

人们称半疯半傻的济公为“济癫”，可毕竟济公是个和尚，佛祖在心，慈悲为怀，把戏弄权贵当作第一要务来抓，第二要务就是救民水火；这蓝采和则只是贩夫走卒中的一个，不普度众生，也不故作伟大。济公信佛，佛是要入世的，要为民解饥苦的；蓝采和是道教中人，而道教是放空自己的，求一个出世，从不把救天下当作己任，讲究的就是一个放下，一个自在。不害人也不度人。于是，佛祖割肉喂鹰。做和尚苦啊，乐也是苦中作乐，莫不如得道，就是不打折扣的乐，自己修自己的仙。

济公杭州归隐，那寺遂称“灵隐寺”，最终还是在尘世间落了个好名声；那蓝采和可不管这么多，“酒楼乘醉，有云鹤笙箫声。忽然轻举于云中，掷靴、衫、腰带、板拍，冉冉而去。”人都说一人得道鸡犬升天，他可倒好，连跟了他许多年的鞋帽衣衫都不带走，赤条条来去无牵挂，升天之时连挥一挥衣袖这么唯美的造型都做不出。

草丛中的鬼脸花，世俗里的仙人，放浪形骸，不妄图博个他人的尊敬，却也正如此而悄然自重。佛祖受苦受难，道家却撒手不管。不过想想也是，佛讲求的是苦难虽众，救得一个是一个；道家却是洁身自好，你们求官求富求功名吧，我只乐我自己的。

不能再说了，再说就要扯到采菊东篱悠然南山的陶渊明了，远了远了，赶紧打住。

鬼脸花：多年生草本。学名三色堇，又名蝴蝶花、猫儿花，为堇菜科堇菜属植物，花期长，高10厘米~40厘米。茎生叶叶片卵形、长圆状圆形或长圆状披针形，每个茎上有3~10朵，通常每朵花有紫、白、黄三色，不美艳，个性十足。

花寓悠然自持的快乐和丑到极致的美。

15 玉簪花：陈妙常

“妆成试照池边影，只恐搔头落水中。”玉簪花，总该和某个女人有关，要不怎么连名字都这么活色生香，似是谁家怨妇临水照镜的梳着头，容色怆然若失，嘴里兀自念着“一梳蛾眉淡扫，二梳胭脂浓描，三梳梳到白头到老……”然后一个不小心就把别头发的簪子遗落在井边了。那簪子不说话，静静地淋着雨，一声不响地等谁家的公子来拾。

日子已经磨得像一块陈年的老树根了，只有井边的那一段还鲜嫩着。那玉簪侧卧的姿势娴静安淑，简单而明媚，含着寂寞的心和张望的眼神，似乎未经尘染，未解风情。

它等的那个人，什么时候来啊？

有关七仙女，除了牛郎的那一版外，还有一版也很传

奇：王母娘娘对女儿们管束极严，这一天，实在难耐孤寂的七仙女随手把头上的玉簪丢下凡来，说：“你代我去凡间走一遭吧。”那玉簪化做一束玉簪花，在人间生长。于是，大诗人黄庭坚才有了“玉簪堕地无人拾，化作江南第一花”的感慨。

井台上那根，还在吗？本是一截神物，何苦来世上一回？是不是即便仙人也难免凡心不了，坠入人间，过一回男耕女织人间烟火的日子？

七月，是玉簪花的好时节。绿得油亮发黑的叶子衬着纺锤形的花，白白净净，玉质，簪形，怀春之心。所有的脆嫩之情，都在这一花一叶里矜贵雅致地饱满着。它有文竹的坚韧，又多了些含羞的矜持，更有夜来香的优雅含蓄，总觉得这才是花中的小家碧玉，长得不热闹不讨好，却也不忘形不怨艾，该热烈的一点不少，同时又热烈得不吵人不喧闹，不张牙舞爪。

人们说“一花一世界”，本是想说一朵花里也可以看到大千世界。其实，懂了玉簪花，才真正懂什么叫一花一世界：原来，一花开、一花落，都只是这朵花自己的世界。

它能在自己的世界里安然自得，该轮到我的，一样不少地体会；不是我的，连眼皮都懒得抬。合该这辈子享受得到的，任是谁也拿不走。

小时候家里养了4条狗，我们习惯每条狗有专门的食盆。妈说太麻烦，不如就在一个大盆子里吃，还其乐融融很团结的样子，却被我坚决否定。我相信即使是一条狗也有狗的准则：是我的，谁也别来和我抢；不是我的，我正眼都不会瞅一眼。

狗与花，有着同样的尊严和生长。

这是一种“小女子年方二八”的温婉的个性和可爱的固执。

对了，京剧《思凡》的第一句就是这句“年方二八”，这出戏的主角叫陈妙常。

一个尼姑太漂亮了总会引出一些什么瓜葛。陈妙常很漂亮，偏巧又是个枯守黄灯青卷的尼姑。大词人张孝祥上任时在庵里小住，曾经为那个深夜焚香抚琴的绝色女尼作诗多首，却只惹来嗤笑连连，害得这位大词人灰溜溜极没面子。回到任上，同乡潘必正得知，誓要见一见令仁兄不能自持的妙尼有何等绝色。没想到这一见，风云突变，惹出了一个凡心大动还俗嫁人的故事来。

陈妙常才情高绝，当初回绝张孝祥的求欢诗时也是以诗词相对，其中有“清净堂前不卷帘，景幽然；湖花野草漫连天，莫胡言。独坐黄昏谁是伴，一炉烟，闲来月下理琴弦，小神仙”的词句，写得义正词严又清丽出尘不可方物，可是到了潘必正这里就完全变了样子。

爱，是不论你名气多响的大腕，官居何职的显贵，哪怕是大词人的同乡也不能免俗。爱就是我有情时，你正有意，在最美丽的时候，你恰好路过，像那只遗在井边的玉簪，凡心刚醒的时候，打水的书生来了。弯下腰，吟一句诗，目光落在玉簪上，不早不晚，恰好的时候。

看过了青灯枯守安于雅淡的陈妙常后，潘必正回去后第一句就是："果然妙手天成的美人。"第二句是："虽是出家之人，我必娶之。"

大词人有大胸怀也有大慈爱，当然少不了有成人之美的心。于是张孝祥给潘必正出主意："就说你与她幼时指腹为婚，因故离散，现幸重逢，诉请完婚。"

该是个风和日丽的好日子吧。先不管这好日子是为了还俗还是为了成亲，但是出家人还俗只为成亲，这在何时都不是个很好的理由。陈妙常诚惶诚恐地跪在堂下，等候发落。但听堂上惊堂木一响，"你不是说'清净堂前不卷帘'吗？为何今日恳请还俗成亲，堂不清净，人欲卷帘？"

陈妙常惊呼一声，吓得魂不附体，堂上端坐的正是县令张孝祥。本以为落入旧怨手中断然没有好下场，哪想到堂上的张大人执笔判道："道可道，名可名；空即是色，色即是空。清者浊之源，守不住炼药丹炉；动者静之机，熬不过凡情欲火。大都未撞着知音，多半属前生注定。抛弃了布袍草履，再穿上翠袖罗裳；收拾起纸帐梅花，准备着罗帏绣幔。

无缘处青蒲黄庭消白日，有情时洞房花烛照乾坤。”

连一纸判词都这么诗情画意，更难得有情人终成眷属。天底下的美事难道都出现在故事里吗？潘必正当堂作诗：

短发蓬松绿未匀，袈裟脱却着红裙；
于今嫁与潘郎去，省得僧敲月下门。

青衣脱掉，素服上身，井上的玉簪终又插在发间，蒲团还在，念经的女子早描了淡妆，每晚有归人叩门，喊一声：娘子啊，吾亦归，吾已归。

这就是传说中的寻常安好吧？

再回头去看玉簪时，也似乎有了烟火味，不是那种油盐酱醋的繁杂琐碎，而是青衣小褂的人情，和鸡鸣犬吠的乡土。

每一朵玉簪花里，都含着一段尘恋的故事。娇怯怯的，等人来嗅香，抚叶，摘取，带回凡间。

我相信，它来自天上，归时，是一段尘缘。

玉簪花：多年生草本，根状茎，须状根。叶茎丛生，花白色或紫色，有香气，花期7~9月。蒴果圆柱形，种子黑色，顶端有翅。有诗赞其“仍怀百媚冰三寸，巧饰罗巾半倚门。”

其花代表着恬静宽和、高雅纯洁，羞怯和不舍的毅然果敢。

16 千日红：徐淑

千日红花开之时，生命已经过了一半，那是它的中年时代。

中年，刚刚好，不青涩，又不老迈；不张扬，可是激情还在；不故作老成，但已厚积薄发；不风华正茂，却风韵犹存。

中年，是一个懂得内敛的阶段，已经把理想和抱负藏得好好的了，不露一丝边角。也许那情结还有，还想着那些有关文功武略壮怀激烈的事，只是不轻易拿出来给人看了。约等于一个嫁入贫家的富妇，褪了红妆，收了绸衣丝服，也敛了对镜贴花黄的念头，青衣绿袄，粗布罗裙，过了为爱吟诗的年岁。她在每一个本该吟诗的时候拎了桶去河边打水，把日子泡在里面，一遍遍洗啊洗，洗得泛白，洗得干净，洗成寻常烟火色、青菜茄子香，也洗得那些青春不留幻想，只剩相夫教子，鸡犬相闻，日子从此一成不变，波澜不惊。

中年，像一坛酒，酿得时间恰好。

也许是自感时不我待了吧，千日红开了花，就不肯谢。当年生，当年枯，只开一次，当然要珍惜，把全部的美丽都绽放出来。

很奇怪，那花春生秋死，却硬生生夺了个千日红的名号，凭的是怎样的豪气？

打开百度想看个究竟，果然，枝梢上挑着桃红的花，长长圆圆极是喜庆饱满，精气神十足，据说花期有两个月之久。怎么看怎么娇滴滴，凭什么却占了那么久的好时光？翻了大不列颠百科，原来千日红的花很小很小，小得似乎根本看不到，我们称之为花的部分，只是它的苞片。

那些苞片从它的“青春期”就开始在枝头上一点点发育成艳丽的紫色红色粉色，与绿色的身躯相配，远远看去真的像是开了花。那些苞片一层层长着，直到“中年”以后，才在最深处育出花来。于是，那些苞片以花的名义，让这花中勇士一生都骄傲地“开着花”。

东汉秦嘉《重报妻书》中说：“明镜可以鉴形，宝钗可以耀首，芳香可以馥身去秽，麝香可以辟恶气，素琴可以娱耳。”这些古时随着名士们不离左右的物件都是儒雅的表现，像现在的男人戴表女人挎包，千日红这般开着，想干吗？是惹美人浅笑还是书生吟诗？

既然说到了秦嘉，自然要说说秦夫人徐淑。

丈夫秦嘉原来不过是甘肃的一介小官，与徐淑新婚不久妻子便一病不起，被家人接回娘家治病。偏巧这里秦嘉被一纸调令转入洛阳为官，夫妻二人从此天各一方，只能诗歌互答望月传情。

《重报妻书》即是秦嘉给妻子的信。而徐淑收信之后即回一封，信中说：“镜有文彩之丽，钗有殊异之观，芳香既珍，素琴亦好。惠异物于鄙陋，割所珍以相赐，非丰厚之恩，孰肯若斯？览镜执钗，情想仿佛；操琴咏诗，思心成结。敕以芳香馥身，喻以明镜鉴形，此言过矣，未获我心也。昔诗人有‘飞蓬’之感，班婕妤有‘谁荣’之叹。素琴之作，当须君归；明镜之鉴，当待君还。未奉光仪，则宝钗不设也；未侍帷帐，则芳香不发也。”

古人写信都美得像诗。秦嘉夫妻二人乃当时名士，信也写得文采飞扬，不输给任何古往今来的文学大家。徐淑的回信说得直白：你工作忙，回不来，可是你给我拿这些东西有什么用呢？你在的时候，你是一切，你不在的时候，一切是你。家里一天没有你，我就一天不对镜梳妆，不弹琴焚香。自古女为悦己者容，悦己者远在天边，容者又容给谁看呢。

突然懂了：美人如花，是为了一个爱的人，开不败。并不夺目的千日红，让所有开花的植物汗颜。

徐淑不出名，虽然她可以算是个领时代风骚的女诗人，诗歌成就也算不低，五言诗在她手底下翻出不少花样来，但若是和洛阳的众多明星级人物比起来却真的是不值一提。而且若是细论起来，她一辈子只去过一次洛阳，目的是把丈夫的遗骨取回家乡，严格说起来，她不算洛阳人，而应该归到甘肃去。只不过她的丈夫秦嘉曾在洛阳当过几年不算大的官职，她居然也可以在洛阳名人的圈子里闪亮登场且毫不逊色。所谓洛阳名人，大多以丰功伟绩或文采卓然而名垂千古，唯独徐淑，是以人格取胜。

秦嘉因公操劳英年早逝，于是，妻子拖着病身不远千里护送丈夫遗骨返乡。

那时徐淑正值妙龄，加之文采飞扬，求亲者络绎不绝。她哥哥也逼着她重新嫁人，徐淑念旧情不忘，操刀割面，摔镜闭窗。“毁形不嫁，哀恸伤生”，只以诗琴寄语，再不出门见客。没过几年也撒手西去。

自古贞洁烈女听过不少，孟姜女甚至悲恸一哭，长城为之倾倒，徐淑却只是自毁容颜，誓与秦嘉百年相和。不否认有“从一而终”的思想根源，但同为诗人，相濡以沫的真情谊应该还是重于道德约束的。

厚厚的史书里，对于秦嘉徐淑着字甚少，寥寥数笔轻轻带过，只是对二人的诗词造诣推崇备至。是一首赠夫诗还是那迎面一刀让后人记住了徐淑？似乎没有人深究，历史深深浅浅浓浓淡淡，塑造了众多白娘子、杜十娘般的刚烈性情，对于一个徐淑，实在勾不起太多兴致。作为妇道贞洁的样板，比徐淑更典型的人比比皆是，故而几乎所有相关的记载中，都仅仅把徐淑作为诗歌奠基人的形象推到人前。如此一来，在多少知晓了她自毁容颜孤独决然，便更衬托了其作为一个弱女子的坚贞可爱与卓然不群。

除了诗，人格清纯，徐淑无疑具有最真实可信的代表性。有关徐淑，似乎跟“撼天动地”、“贞洁烈女”不沾边，她只是淡淡地静坐幽室，默默地遣词造句，轻轻地苦笑追忆，便把一种坚强根植于后人心中，如水一样浸过人性中最柔软的某个部分，在历史的天空下，留一声细不可闻的叹息。

爱自己的那个人不在了，嫁与不嫁已经没有任何意义，自己给自己来上一刀，断了他人求婚家人逼嫁的念头，也给自己的爱做个了断。哪朵花能红上千日？造物者已经给了这些千娇百媚的植物格外的恩赐，而一夜风雨几缕寒，能开个三五天都已经让人惊服了。这千日红宁死不谢，岂非只是为了一个爱我懂我的人坚守美丽？

谁说花只是孤芳自赏？那是最懂爱的生命。

千日红：别名火球花。一年生直立草本植物，高20厘米~60厘米，花果期6~9月。花色艳丽有光泽，花干后而不凋，经久不变，故得名千日红。

喜光耐热，性强健。花开饱满持久，象征着永恒的爱和不朽的恋情。

17 沙棘：金镶玉

不知道有谁从始至终地端详过一条河。

从涓涓细流的弱小平缓到身躯庞大丰满，再汇总了所有激情一路涤荡张扬，再熬到坦荡平和。当一条河进入了生命的后半段，它已经见多识广了，经过了青涩懵懂的少年、激昂火热的青年；经过高山平原绿洲沃土，渐渐步入了成年期。褪去了当初的娇贵、张狂，平稳得大度轻缓，既有棱角又不失淡泊，既不惹人尖叫又个性十足，既一无所有又包罗万象。大风大浪之后，终于修成了正果，淡定地守着自己的故事，丰满给自己看。

像不像一个人的一生？

一条河忙碌了一辈子，根本没想惊扰任何人。那些顺着河道两岸草草生长着的沙棘也是，它们伴着那些河，一路从娟秀走向丰厚，从少年步入老朽，不离不弃，不声不响。

你根本别想如“满阶芳草绿”或是“墙角一枝梅”般温软地去读它，那粗劣的生长和遍身的尖刺，叫嚣着“此物危险，生人勿近”，以至于连古诗古文都懒得提它，它任着人随便忽视，也并不耽误生长。

那东西，从泥泞的溪头直到滴水如油的沙漠都能生长。

我更是钟爱沙漠里的沙棘，就像诗人独爱梅兰竹菊一般，爱这样大气另类的沙棘。

耐得住雨水也耐得住旱，更耐得住所谓“寂寞”和“孤独”。沙漠里的荆棘，干燥得连一丁点儿水分都没有，跟软玉温香的花色毫不搭边，甚至与水边的沙棘也是完全不同的相貌。

可那是沙棘，这就够了。

若是一定要把沙棘对应一个人物，印象最深，当属《新龙门客栈》中的金镶玉了。

那个风骚泼辣却又豪情万千的风尘女子，武侠记忆里，能与之一较高下的，大概只有《萧十一郎》中的风四娘了吧。林青霞当红的那个年代，能与林大美人同场较技毫不逊色的，若只论外貌，似乎李赛凤不错；而论到演技，就非张曼玉莫属了。

以现在的眼光来巡视20世纪90年代的香港电影，《新龙门客栈》情节老套，场景粗糙，多少有些粗枝大叶之感，但在当时，却是新武侠的标志性建筑。为救英烈遗孤，周淮安辗转来到龙门客栈，沙漠上砂飞石走，金镶玉正在屋顶上裸身高歌。周淮安打马而过，金镶玉远远见有人来，随手将龙门客栈的旗子扯下来裹在身上，轻飘飘翻身而下。周淮安问：龙门客栈在哪里？后者瞄了眼裹在身上的旗子，嫣然一笑——就在我身上。

那眼神，那身段，那妩媚，足够引得满场惊呼了。

梁家辉，林青霞，甄子丹，当年堪称一线金牌的几位名人都足够分量，但看过《新龙门客栈》之后，你不得不说，整部戏，全看张曼玉，就像金镶玉这个名字一样，足够珍贵。

老套路自然是侠骨配柔情，周淮安与邱莫言本是情侣，金镶玉偏要插上一脚，于是，私情与道义便努力碰撞了一下，落了俗套的情节很是狗血。

可是，张曼玉却抢足了风头，成就了一个亦正亦邪敢爱敢恨的新派女人，既风骚妩媚，又坚硬如针，小节有亏却又大节不乱，从骨子里透出骚气和妖气，却偏偏又那么娇媚动人，放荡无形却又遍身烟火气息，真性情的女人味咄咄逼人。

张曼玉版的金镶玉，就是拿到现在来看仍是无出其右者。金镶玉十足的个性和妖气在那个年代谋杀了无数少男少女的心，至今仍然。

张曼玉的名言是，女人的成功，是临死前有爱人在身边。很金镶玉式的女侠范儿，就像那句风骚至极自信满满的的话“不正眼看我金镶玉的，都不是男人。”其实，爱情里的女人，永远不够锋利，永远学不会快意恩仇。

因此，爱情里的女人常常失去方向感。狗血情节的《新龙门客栈》说的正是这种方向感。而张曼玉，年华虽然老去，方向坚决不失。

故而，翻拍的龙门客栈，被导演徐克重命名为《龙门飞甲》，拍摄手法新奇特别，可仍然无法掩盖张曼玉的风情。甚至很多对白和场景设计，居然要模仿二十多年前的老片。

毕竟，柔情尽失的现代商业武侠片，无论多惊艳，若是要出演一个爱情里的辣妹子，非张曼玉当年出演的金镶玉，莫属。

于是，看了《龙门飞甲》的预告片后，我对正片失去兴趣，因为，张曼玉已经不在，而我，也情怀不再。

所谓经典，不过如此吧。它让所有的模仿者失去自信，因为，永远不会被从根本上超越。

和那些默默地顶着酷日在沙漠深处寂寞生长着又坦然微笑着面对那寂寞的沙棘们，一样。

沙棘：胡颓子科沙棘属落叶灌木，是植物和其果实的统称。棘刺多且粗壮。

沙棘喜光，耐寒又耐热，适应性极强，是地球上生存超过两亿年的为数不多的当世依然普遍存活的植物之一。是与胡杨一样可以在极恶劣环境中顽强生长的植物，也是在有“地球癌症”之称的砒砂岩地区唯一能存活的植物，果实含有人体不能合成又不可少的多种维生素，被生物界誉为“世界植物之奇”、“VC之王”。

它代表着坚韧、不放弃的执着和自我陶醉自我欣赏的“只有我懂的美和坚强”。

18 茱萸：李寻欢

秋天刚刚好。想去看看茱萸。

洗了车，换了新的登山服。哪怕是端详一株花，也不能少了虔诚感。何况，是去看茱萸。毕竟，学会尊敬，才配如此近距离地对视一朵花。美人不可唐突，茱萸同样不能冒犯。

这东西算不得名贵，却绝对的平心静气，像远远地听到禅房经声。那些高高大大的半灌木半树的植株一丛丛沿着公路铺展出去。有风来，便花枝乱颤的样子，不婆娑，也不妩媚，甚至带着些慵懒和漫不经心的随意，可偏偏，油绿的叶下似乎有梵香缭绕。枝疏叶稀的茱萸绝非美艳之辈，它孤高，冷傲，遗世独立着，像一位痴情的贵公子。

喜欢茱萸大概还是因为“辟邪翁”的雅号吧，既随性又沾着神仙气。那些挨着茱萸住的乡下孩子，秋天里很大一部分游戏的内容就是去采茱萸，古时佩茱萸可以“解除凶秽，以招吉祥”避难消灾灵验得像菩萨附体。王维多事，一句“遥知兄弟登高处，遍插茱萸少一人”又加了思乡的任务给它。

做茱萸，也忙啊。

许是茱萸的果实只在重阳时候才成熟得红媚可爱，又偏偏像极了相思的红豆。故而王维多事，错把茱萸当红豆了。茱萸不恼，不误时令地开它的花结它的果，不辩白不慌张，也不浪费它的季节。别人说什么，随他去吧，茱萸还是懒散的，带着固执的仙气淡定着洒脱着。

喜欢茱萸却并非是因为王维，比王维更大气的人多得是，杜甫的“明年此会知谁健？醉把茱萸仔细看”写得很有画面感，要比王维那句强上很多；李后主的“茱萸香堕，紫菊气，飘庭户，晚烟笼细雨”就妙到毫巅了，无论作者名气遣字功力甚至意境上，李煜都胜出不止一筹。王维的诗有道家清散气，杜甫的则孤伤寂寞，但只论懂得茱萸，还是贵族的李煜才真算得上是茱萸的知音。

想想就醉。夕阳隐退，晚雨初来，半开的窗边立着浊世公子，目光涣散游离，院子深处，茱萸刚刚红透。我的国呢？我的家呢？我的风光无限呢？落寞人懂落寞心。茱萸就该是这样遗失俗间的仙人，败落身家的贵公子。万事于我为浮云，辉煌不再了，可没谁能拿走我的贵族气。

像李寻欢。

小李飞刀，例不虚发。江湖人谁不知道那把刀？透着寂寞、无奈，却又不失风度儒雅得像一首诗。

一门七进士，父子三探花。惊才绝艳的世家公子，流落江湖的情场浪子，为了兄弟，居然能出让爱情。是伟大，是愚蠢？当年龙啸云于他有救命之恩，于是当龙啸云爱上了林诗音后，李寻欢居然可以出让自己已经定了亲的娘子，他纵情酒色，借故疏远林诗音，终于促成了二人的好事，自己却一个人萧然离去。

一个为了朋友可以出让爱情的男人，你想不想和他做朋友？或许那是朋友的一个圈套，故意让这个痴情男人一头栽进来。栽了，还无怨无悔。

他只记得龙啸云救过自己一次，却不记得同样是这个人毁了自己一生——人为什么永远只记得别人的好处？

在梅花案中，他被冤枉误解，却并不辩白，不急着清洗自己。他病得重，伤得重，哪像个武林高手？他终年憔悴，一脸病容，不时地弯下腰咳嗽，文弱得似乎风一吹就要倒下。

可是，只要一刀在手，谁敢夺其锋锐？

只是，哪个男人不想争个天下？这个不争的病人，又何苦要浪迹江湖？是刀放不下，还是爱放不下？

手中有刀，却是心中有爱，他的刀和爱都是收放自如的。他知道恨的结果只能是毁灭，爱却可以让人永生，故而他的刀只杀该死的人，从不虚发，也从不错杀，一把刀，温柔得像一个款款深情的美句子，不血腥，不凶残，带着落拓，带着美，和爱。

这才是侠之大者。

当铃铃终于可以挨着他的肩靠着坐下时，他说："痴并不可笑，因为唯有至情的人，才能学得会这'痴'字。"

铃铃笑。痴也要学？

"当然，无论谁想学会这痴字，都不是件易事，因为痴和呆不同，只有痴于剑的人，才能练成精妙的剑法；只有痴于情的人，才能得到别人的真情，这些事，不痴的人是不会懂的。"

《多情剑客无情剑》里，李寻欢不是学成了纵横天下的武功，而是学会了如何去爱：不争，该来的，终会来。

菊之淡泊还要沾着一丝娇贵，茱萸什么都不争。和谁争都不屑，那才是大风雅。

王昌龄"茱萸插鬓花宜寿，翡翠横钗舞作愁。漫说陶潜篱下醉，何曾得见此风流"说得明白，陶渊明南山采菊的淡然里更多的透着无奈和不甘，倒是茱萸一样的李寻欢，根本就是与世无争。

夫唯不争者，而莫能与之争。

茱萸：常绿乔木，植株高可两米，羽状复叶，初夏开绿白色的小花，秋后成熟，结子若红豆，味极辛香，可食用，有温中、止痛、理气等功效。

古人认为，佩戴茱萸可以辟邪去灾。《风土记》：“九月九日折茱萸以插头上，辟除恶气而御初寒。”曹植《浮萍篇》：“茱萸自有芳，不若桂与兰。”

代表着高贵的洒脱和与世无争。

19 相思草：关盼盼

奶奶说，相思草是放肆又自恋到极致的花，甚至自恋到雌雄一体。

自己和自己谈恋爱，旁的人它根本不屑一顾。

小时候不懂，常是满山满谷地疯跑，疯得找不到家，去看相思草。

真的不懂相思草有什么了不起。贴着地表一路蜿蜒过去的茎，哪有文竹那样的挺？匍匐的身姿只是一截没有骨头的枝蔓，肥硕，够丰美却少了圆润，像杨贵妃，而我是喜欢赵飞燕的玲珑的。

八月，秋老虎，热得让人连形容词都懒得想，只想洗个井水澡，然后在柳荫下铺张席子。可是偏偏这火一样的秋天，那草却开得正艳。

一些晚熟的花儿正忙着结果，微颤的枝上挂着喜庆的零零碎碎，有些已经开始谢了。秋在枝上，而花，本就是春夏的宠物，能挺过秋的本就不多，即便是些挣扎着不肯老去的也被秋折磨得气息奄奄垂头丧气，一副低头认罪的样子。可是你看，这纤细的草还神采奕奕的刚刚绽开花蕾，很有些独占一江秋的霸气。

听名字，这草和红豆有一拼。只是，红豆是果子，可以封在信里表相思，这草的相思就简单得多了。

这些在地表上攀援的植物长势杂乱，像经年不加梳理的一头乱发，细细端详才知道，它们总是一雄一雌两枝并行，纠缠着，一起生一起死，彼此相依，分都分不开。它们互相授粉，然后开花，再一同老去，若是哪一枝被顽皮的孩子掐了根，另一枝也拽着那枯了的枝，熬不了多久便死去。想想看，一丛绿中，偏偏有一对藤蔓，黄黄的，瘦瘦的，失了湿泽细润，也没了绿意盎然，它们不声不响，手拉手相拥而死，该是多壮烈。

难怪叫相思草，比红豆少了炙热，多了薄凉；少了媚艳，多了坚毅；少了眉目传情，多了生死相依；少了明艳的热辣，多了悲壮的平和。在秋里，撑一段传奇的叹息，那种人过中年的叹，叹得悠长、淡远，似乎比爱情更靠得住。

奶奶每每说到相思草就会说到燕子楼，像一个固定句式，这辈子不知说过了多少次。她说，每一枝花，都是世上一个人，转了世，就投胎成一段沾着香气的故事。

燕子楼，只这三个字便飘逸挥洒得很是让人眼热，但生命局促得长天大地尚无法久存，我们还能要求一座小楼什么？一千余年的飘摇，早把遗迹掩盖得结结实实，甚至连“物是人非”都算不上。

燕子楼，是以关盼盼和张愔的爱情故事为情节展开的。

历史上所有的花好月圆都很容易被人淡忘，只有悲剧才更显得有生命活力和流传的动能。或许，悲惨的结局更可以理直气壮地成为茶余谈资，从而多少能勾起一些探究的兴趣。

按说，跟许仙与白娘子、梁山伯与祝英台等悲剧相比，关盼盼和张愔的故事很难出彩，知名度也低得多，或许前两个是官方版本的爱情经典，而盼盼与张愔只是传说，只是添油加醋地信口道来，更多的是存在于说书人的嘴下吧，以至于现在有关许白和梁祝的小说戏剧故迹遗骸比比皆是，唯独盼盼，躲在一个不知归宿的传说的角落里，独望夕阳，暗自垂泪却无人问津。

盼盼诗文歌舞堪称奇绝，加之艳丽妩媚，是徐州守将张愔的爱妾。张将军虽戎马一生，却是位儒将，偏爱诗词，与盼盼举案齐眉。大诗人白居易有幸与盼盼有一面之缘，曾有诗云“醉娇胜不得，风袅牡丹花”。

张愔在徐州西城为盼盼建燕子楼，盼盼常在楼中微醉起舞，其姿态如莺燕，又因楼檐俏丽，惹得年年燕子来栖，故取名“燕子楼”。二人花前月下，风雅绝伦。后来张愔病故，家道中落，于是，张愔的妻妾们纷纷另寻出路，唯独盼盼，痴心不改，独居燕子楼10年之久，扼守着春来秋往，悠苦决然。

伦理与道德在盼盼身上愈演愈烈。白娘子肯为一个书生模样的男人不远千里盗仙草，甚至被压在雷峰塔下也无怨无悔，相形之下，盼盼的文弱便显得不够磅礴不够响亮不够引人入胜。但谁试过独对残灯10余年？群居的重情守义的动物对于寂寞的抵抗能力大多偏弱，正因如此，盼盼才更丰满、更人性、更本真、更难能可贵。

想当年雷峰塔倒掉之后，甚至如鲁迅这般人物也要兴致勃勃地著书立说为一种精神范畴的更迭欢欣鼓舞，而一座燕子楼悄无声息地淡然退去，却显得平淡和落寞了许多。晚唐时燕子楼毁于战火，此后屡建屡废，又迁址多次，直到踪迹无寻，只留一个虚无缥缈的传说。

这，莫非便是我执意寻找的理由？

闲居京师的白居易偶然从朋友手中看过盼盼的《燕子楼三首》，其中有：“自理剑履歌尘绝，红袖香消一十年”及“瑶琴玉箫无愁绪，任从蛛网任从灰”的句子，随后和诗3

首，一句“燕子楼中寒月夜，秋来只为一人长”，突然就懂了“坚持”一词的所有内容。

守着一个老去的季节，只为一人。那毅然决然的坚守，可以仅用一句诗，就读懂了一株花的凄美。

最后盼盼还是死了，生不相随死亦随，思夫无望，不如一起缠绵着，相思草一样，死在一起也算圆满。苦守10年，却名分无归，尚不如那些撒手散去的妻妾们下场更好。所谓守节，于一个弱小女子，简直不值分文。青山替谁绿遍，红颜为谁白头？

燕子楼在徐州，现在早没了燕子。楼前石碑上的“燕子楼”3个大字红艳欲滴，亭台回廊也极尽曲径通幽之妙，楼上随处可见名人字画和历代书画圣手的盼盼写意图，尤其苏轼的“燕子楼空，佳人何在？锁楼中燕”为近人手笔，大开大阖极具东坡味道。

楼前，可有一些匍匐蜿蜒的相思草，一枝独秀地霸占着一整个秋天？

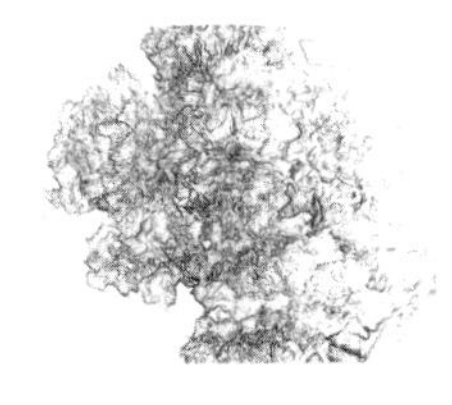

相思草： 多年生匍匐草本。茎绿色，茎柔弱光滑，高30厘米，雌雄同株，喜暖畏寒，阳光充足时可四季花开不败。

代表着坚贞的跟随和不离不弃的持守。

20 嘉兰：吴生狐女

本是不信禅的，上山不拜佛，只是看热闹。闻鼻息间梵香，听经卷开合间的木鱼声，看香客们伏身而拜、起身而揖，然后一步一叩地下山去。

搞不懂佛的博大精深，只觉得，如此人间烟火淡守流年地活着就很好。太阳出来，下田去，汗滴禾下土；日落时分，回家来，叩一声门，听院子里的狗叫；西边天上，那些燕子也正忙着赶回来。

这最朴素的寻常日子也足可以是我的禅了。

临渊知水意，近山识鸟音。亲近了佛，就灵光普照吧。怪不得寺庙前都栽着竹，而道观旁边都栽着嘉兰。

嘉兰，没有竹那么风雅那么知名，却独具特色地守着仙

风道骨，慈恩浩荡，安安静静地妩媚生香着。生香了，还不动声色。

嘉兰算不得奇花异草，貌不惊人得很难让人提起驻足端详的兴趣。可偏偏，它离那些经卷和圣徒这么近，一副得道升天的样子。

嘉兰的美艳在于它的变幻无穷。花开翠绿一片，很生机很活泼，片刻之后却蜷缩起来，欲抱琵琶半遮面，再然后花瓣依次变色为黄色、金黄和鲜红，数日之间颜色数变，恍若狐妖变化。

花之变色并非嘉兰独有，昙花夜来香都用变色来迷惑世相，无非是含了招花引蝶传宗接代的意思，只是那异彩纷呈的奇幻真的让人惊叹，像是将变幻无常的世相演示给人看，迷惑着众生又普度着众生，参透了天命，又安于天命。

这便是道家喜欢在道观周围广种嘉兰的含义吧，如佛旁青莲，不离须臾。

常会在道观呆上半天，不为参透生死，只为遇一株嘉兰，像桥头书生，等一个撑伞而过的文弱女子。嘉兰从生到死都不言不语，一个人芬芳着，守着道家的淡然和玄幻。

翻《阅微草堂笔记》，读到吴生与狐女的故事，简直述尽了道家的真谛。

书生吴生好女色，后与一狐女幽会，但仍出入青楼。狐女说我能变化成世上任何美貌女子，你何苦天天去青楼买笑这么麻烦呢？言毕，依吴生所述形貌瞬间换形，果与真人仿佛。吴生欣喜数日后又展愁眉说："眠花藉柳，实惬人心，惜是幻化，意中终隔一膜耳。"

狐女曰："不然。声色之娱，本电光石火。岂特吾肖某某为幻化，即彼某某亦幻化也。岂特某某为幻化，即妾亦幻化也。即千百年来，名姬艳女，皆幻化也。白杨绿草，黄土青山，何一非古来歌舞之场？握雨携云，与埋香葬玉、别鹤离鸾，一曲伸臂顷耳。中间两美相合，或以时刻计，或以日计，或以月计，或以年计，终有诀别之期。及其诀别，则数十年而散，与片刻暂遇而散者，同一悬崖撒手，转瞬成空。倚翠偎红，不皆恍如春梦乎？即夙契原深，终身聚首，而朱颜不驻，白发已侵，一人之身，非复旧态。则当时黛眉粉颊，亦谓之幻化可矣，何独以妾肖某某为幻化也？"

哇，简直是道家禅师的境界，一段话道尽人世变幻世事消磨，把这世界看得清清楚楚明明白白。原来，修炼的不仅是人形，还有生存之道。毕竟由狐变人的千年修炼，功夫不是白费的。

妖之为妖，定是要比常人更修炼得通透一些，虽然离仙的境界还差得远，但至少是个参透世相的智者。从哲人先知穷一生之力也无法自圆其说的道理，在一个狐妖的嘴里简单几句已是形神兼备，让那些苦捧经卷的僧道之人也自

惭形秽。

无论相聚多久，终究还是要分别。等到离歌之后，长相厮守与短聚后的离别又有何差别呢？一切皆空，一切如梦，就算得有始终，然年华逝去，青春老去，谁又能朱颜不改？

嘉兰的幻化岂不也正是这狐女所云的烟云过眼？即使是一花多变，也抵不过时光偷换。是花终要谢，人终要死，能珍惜眼前的美丽，已是最大的恩惠。

静下心来，再回头看嘉兰，竟似乎可得仙意了。

嘉兰：别名嘉兰百合、火焰百合。蔓生草本花卉，百合科攀援植物，缠藤生长，花期7~11月。花名来源于拉丁语“惊艳”。新花初放时为龙爪状绿色，后为黄色花柄红色瓣尖，镶金边，再依次由花茎至花尖，由绿色、黄色变成金黄、橙红直至鲜红欲滴。花色美妙绝伦，变幻无常。

代表着淡寡的绝美和孤高，以及洞察世事的智慧。

21 王莲：穆黄花

打小就分不清莲与荷，恍惚觉得那总该是些仙境才有的圣洁之物，被哪位多事的神仙贬下凡来，不得志，无奈地稳坐池上，笑傲群雄。

闲时的雨后，撑了伞去池塘上走走，就会在脑子里把所有描写翠绿的词都过上一遍，坐下来，皱一下鼻子，闻香。

驻足低眉，屏息宁神，管它是荷是莲，那连唐诗都有些词不达意的风雅，就全在眼底了。

喜欢那些大大的圆盘状的叶子，据说可以给一个成年人当船，还真就见过采藕的渔者划着它出去，很有些缥缈江海的悠闲味道。该是用"飘萍不定"还是"随波逐流"来描述它？好多词闪过之后发觉还是词不达意，索性算了，就那么

看着它在水上荡。真好。

霸气，又不伤人，柔柔弱弱的样子，尊者之气里又含着娇媚，让人舌下生津的那种舒服。

人说，那叫王莲。果然够王道，该是我见过的除了树以外最宏观的植物了。像妇人摆着拖地长裙，艳丽高贵典雅，一种中年人的稳重和沧桑感就夜一样浸过来，渗到骨子里去，恬静、理性、安然，寡欢又自得其乐，似乎不必有太多仰视和关注的目光，一个人的孤芳自赏也活得足够好。

《爱莲说》还是以洁身自好为主色调，似乎并不配这敢称王者的巨莲，你甚至看不到它的根它的果，只圆盘样的叶子就让你倒吸一口冷气，那尊贵，真的让人感觉美人不可唐突。看莲，真是心静，和翻一卷经的效果有一拼。只是，该比指点迷津的枯燥经卷更喜人吧，那绿、那伟岸和坚持，那透着世俗暖意的沉默，一路转着，随风，随波，不问来程，也不问归处。

那一刻，天地真大，世界真好。

“昔日莲中君王在，今朝挑帘看玉人。”当年的皇后穆黄花曾自喻莲中王者，想必说的就是这份傲视天下的尊贵吧。那时候她足够呼风唤雨，就像这王莲，眼底容不下任何颜色，那些荷，出淤泥不染的细枝嫩茎经得起风雨吗？经得起大起大落吗？一场雨就溃不成军了，谁有王莲的无坚不摧？

贵为皇后，国败家亡了，居然沦为娼妓，还能活得滋润坦然，实在是心胸够广，足够王气了。

想想也是，皇后宝座上下来，肩不能挑手不能提，突然失了尊贵身无长技，只有一副脸蛋，若是想活，还是只能靠脸蛋这本钱，倚门卖笑的皮肉生意居然也做得风生水起，加上曾经风光一时的皇家天后，谁不想一亲芳泽？如此一来，生意居然出奇的好。

有着良好的教育和高贵的身份，落了难也不自怨自艾，没什么生不逢时之慨，不牢骚，坦然得让人心惊。粉墨一番换了角色，一开腔，还是技压群芳震惊四座，让人忽视不得。

史书上更多的是对这曾经贵为皇后的美貌女子甘心沦为娼妓示以不屑。只是，那些道貌岸然的人们不去怪男人守不住家国，却要嘲笑一介女子的沦落风尘，多少有些不厚道。

下了凡，也不失仙气。学着跟自己和解，免得被旁人白白笑话了一场。雨打风吹也笑得烂漫，夕阳里倚门笑，明月下见梅花，任是污秽之地，我自纯净如莲。林花谢了春红，那倨傲，不谢。

高贵是学不来的，也拿不走。

王莲：睡莲科，多年生大型浮叶草本，有直立的根状短茎和发达的不定须根，花开白色。巨盘状浮于水面，径达2米以上，堪称壮观。以多变的花色和浓郁不散的香气羞退众荷。

花期长达半年，绽放时花蕾探出水面。每花开约3日，一日一变色，均不失豪气。首日白如雪，次日转为粉红，第三天则为紫红。花谢时缓缓闭合，渐次沉没入水。

高贵而善变的女神，代表着安然圣洁的高雅和顺其自然的生活态度。

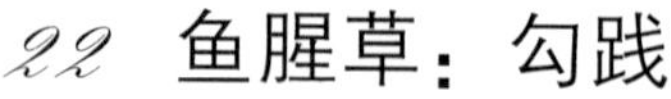

22 鱼腥草：勾践

来绍兴，你无法不时常与鱼腥草对视。

鱼腥草极普遍，只一捧土，几滴雨，便可滋润饱满，欣然生根，不几日便蓬勃得生机盎然。

邻街的房舍若是几日疏于清理，那心形的叶片便会顺了藤蔓不请自来登堂入室，缠缠绕绕的深绿便让人感觉到了鱼腥草的霸道。居家的妇人偶尔会蹲下身来捏几片嫩叶，据说对付感冒咳嗽相当灵验。一些快嘴的后生小子也常常拣清嫩的新芽炮制成下酒菜，吃得满嘴生津不亦乐乎。

凑过去闻闻，掩鼻退下，原来，鱼腥草并非浪得虚名，果真一股烂鱼般的腥臭，而好事者却硬生生说那是绍兴特有的鱼鲜香。

我闻不到鱼鲜味，看它们漫山地疯长，却不得不佩服它们的顽强。只要有一点点的机会就拼了命地往高里长，四下里漫延，花不起眼，味道却惊人，像些内秀的书生，张狂得个性十足。

其实每个人心里都清楚，当年的绍兴人喜食这腥气逼人的草，不是为了时尚，只是为了度荒。

鱼腥草，当地人习惯称之为“臭番薯藤”，又名“饥菜”，饥时赖以饱食的菜。王为人臣，民何以堪？会稽山下勾践缓缓地在夫差面前长膝跪倒，一个国家的灾难便轰然来临，连年战乱，壮男八九战死，剩下些老弱病残，唯一能做的就是先活下去，只是屋颓田废，腹内空空，真不知哪位智者第一次把视线聚焦到这漫山疯长的不起眼的小草上。于是，或晴日或雨后，总有些衣衫褴褛的饥民，穿行于山阴地角，不时俯身屏气，探出手，瘦骨嶙峋的手臂微微伸直，把一片片饱含生机的绿色握在手中。

于是，这饥菜成就了越中民生的生计，也成就了史册中一段血色飘香。越国若是存活到现今，市花便该是这不起眼的饥菜了吧？“饥”明显不够尊崇，于是后来以“蕺”代之，饥菜也就成了“蕺菜”。查遍字典，“蕺”只有一种解释：“菜名，亦称鱼腥草，有强烈鱼腥气，全草入药，味辛、微温，有小毒，去疮愈痛疗风；又，蕺山，越王采蕺于此。”当初，亲自耕作的勾践率众采摘蕺菜的山名正言顺地被称作蕺山，现如今山上仍是葱绿如盖蕺菜如织，蕺山晴眺更是越中十景之一，可谓壮观。宋时便有诗云：

> 十九年间胆厌尝，盘羞野味当含香。
> 春风又长新芽甲，好撷青青荐越王。

“苦心人、天不负，卧薪尝胆，三千越甲可吞吴。”当年隐忍决绝的勾践为夫差尝粪诊病之后，口中异味不去，范蠡便命左右大臣采食鱼腥草“以乱其气”。得赦之后，勾践除了卧薪尝胆，便是与百姓一起采食这漫山遍野的鱼腥草以度荒年。当年以鱼腥草气掩盖口臭或许只是托词：国之不国，谁会有心情在意大王的口臭？家之不家，更不会有谁在意这下腹之物的味道好坏，活着就要吃饭，活着，只为两个字：复仇。

这简单一株野草，实在是越中民众百废待兴之时唯一可以果腹充饥的救命之物，勾践励精图治终于灭吴雪耻，成就春秋霸主。从此，勾践以忍者形象引领着潮流。

初来绍兴，第一个想到的人就是勾践，也都会竖起拇指，赞一声“好汉”，鱼腥草也便成了越民百代感恩的圣物，不动声色地与这座城市和城市里的居者保持一种若即若离的亲善关系，虽充盈陋巷却惹人恭敬。

勾践因卧薪尝胆成就美名，也成就了中国隐忍的典范，在历史上，勾践的故事不知道激励了多少士子功成名就史册留名。

所谓君子报仇，十年不晚，成大事者不拘小节。勾践的成功也无形之中巧合了中国儒家讲求的“忍”，于是，在一个独尊儒术的国度里，“卧薪尝胆”自然成了勉励人向上的褒义词。

鱼腥草天然地带着忧患意识：只要有土地就能生长，只有晒干了才易于保存，肚子饱了，才进可以取天经地义，退可以墨守田园。于是，在这四季鲜菜不断，美味不绝的江南腹地，绍兴人偏偏独爱这东西也就不足为奇了。这其貌不扬的小植株里，有着一种文字所不能描述的象征意义。

绍兴人对这怪异的草是有着某种遗传的钟爱的，他们要的正是这看似普通平凡，却如绍兴人根底里，那些掩盖在乌毡帽酱紫衣下的果敢坚韧。

鱼腥草：别名折耳根，岑草、蕺、紫蕺。多年生草本，全株高约50厘米，有腥臭味。古书记载：“生湿地，山谷阴处亦能蔓生，叶如荞麦而肥，茎紫赤色，江左人好生食，关中谓之菹菜，叶有腥气，故俗称鱼腥草。”

以其特立独行的刺鼻的味道代表着儒家文化传统中生生不息的顽强和固执。

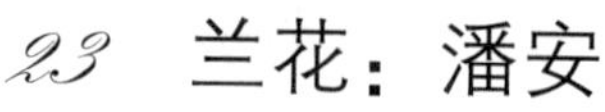

23 兰花：潘安

牛车水，名字很乡土风情，却是新加坡最热闹的买卖街，约等于美国的唐人街；汉乐悠扬，黄皮肤黑眼睛，几乎就是北京的大栅栏、上海的南京路。步入其中，总会有些意外的惊喜。

大大的遮阳棚下摆了木盘，四四方方地分出格子，每个格子都铺了土花布，摆着各种做工精巧的首饰，那些胸针，简直让人过目不忘。人说，那是胡姬花胸针。山上采来的胡姬花直接浸入特制的金液里，凝固成了金玉其外，胡姬其中的特色胸针。因为胡姬花是天然的植物，所以每一朵胸针都形态各异、独一无二；更因其“骨架”是货真价实的胡姬花，才更显珍贵。我还奇怪，在国内，那分明就是兰花嘛，怎么就叫胡姬花了？买卖人家很和蔼地笑了，“胡姬花，就是兰花”。

原来，这胸针的名贵不是外边包裹的金子，而是你把花中君子货真价实地戴在胸口。如此一来，想不变成君子都难。

老家是漫山兰花的，剑兰、寒兰、蕙兰，形形色色林林总总，疯了一样在丘陵上铺展着，放肆得完全没有君子之风。那是些喜欢成群结队出行的植物，一长就是一大片，让你望穿秋水也看不到头，开就开个漫山遍野，白白的细碎的花像草地上下了雪，晶莹得不忍落脚。小时候就是那样和兰花赛着长大，以至于后来整个身体里，都有着草本植物的茂盛感和青翠感，活得很阳光。

祖祖辈辈陪着兰花一茬茬地枯了绿，开了谢。乡下人，学不来它的儒雅，但至少染得上它的质朴，不忘形、不张狂，也不失热情和激昂；不妖媚、不锋锐，也不失美艳和力度，总是可以把活泼和放肆的惊讶拿捏得恰到好处，即便是困苦离伤，也不哀怨忌愤，淡定得婆娑有姿、仪态不失。毕竟，得担得起君子的名号。

像兰花一样，我和我的祖辈，都离不开土地。

把这花中君子别在胸口的时候，似乎一瞬间获了灵性得了禅心。深深地嗅一下，试图闻到些兰花香。兰花的香是可以安神的灵药，除了让你能睡个好觉，还能忘忧，淡然悠远的练达心性，要不兰怎么成得了君子？与君子相伴，就像对高僧问禅，静中悟道。它不是胜在花开得多大，也不胜在叶子有多丰腴，甚至冷眼看去简直就是一棵韭菜，甚至花也开得像，但韭菜偏偏就是不能与之同语。出自丘山，形同小草，它是胜在气质，淡雅高洁，清新安稳，甚至连那香都淡淡的，越是淡，越是迷人。

怪不得那些名士的壁上案间都要摆上一小盆兰的，怪不得画家笔下兰最妩媚，诗人笔下、文人卷里也都少不得兰的影子，甚至太多的人以兰自喻："气如兰兮长不改，心若兰兮终不移。""寻得幽兰报知己，一枝聊赠梦潇湘。"诗经楚赋唐诗宋词里，哪里少得了如此君子之风？虽暗香浮动，却山林隐遁，不求闻达，风流自赏，"阳和布气兮，动植齐光；惟披幽兰兮，偏含国香。吐秀乔林之下，盘根众草之旁。虽无人而见赏，且得地而含芳。"韩伯庸真是兰的知己。

陶渊明是菊一样的高贵君子，林逋是梅花的坚韧冷傲，郑板桥则竹子一般不食人间烟火。这三君子讲的都是入世之美，唯独兰，与三位兄长同为花中四君子，却独独有出世的美，遗世独立的羽化登仙。

那仪容神态，那风骨卓然，像不像美男子潘安？作为政治的牺牲品，潘家被灭了三族，唯独活了一个万世流芳的美男，"筑室种树，逍遥自得……灌园鬻蔬，以供朝夕之膳。"不问世事，我自清浊自省，深得兰花之意。不仅容姿超群，又是一代巨匠，与陆机齐名的大文豪，一篇《闲居赋》弄得洛阳纸贵，名文《金谷宴集》最早记载了“遂各赋诗，以叙中怀，或不能者，罚酒三斗”，开创了“作诗罚酒”的先河，推算起来，王羲之的《兰亭雅集》和《兰亭集序》还有抄袭嫌疑。还有难得的忠贞，12岁时娶杨氏为妻，20余年只爱一人。夫人早逝之后，潘安3首悼亡诗情真意切，李商隐元稹等都推这3首为中国悼亡诗的鼻祖，成语“潘杨之好”典出于此，实在是让千古以来的痴情男女汗颜。于情如此，于孝亦然，《二十四孝》中的“弃官奉母”说的就是潘安。

“才比宋玉，貌似潘安”，作为所谓的第一帅哥，英俊到什么程度，古书上简单几句显得过于简陋，倒是有个成语“掷果盈车”似乎可以绘声绘色。说是潘安小时候上街，那些叔叔阿姨们见到这样可爱的孩子，都想逗一逗，于是就拿水果吸引他，结果每次回来，他得到的水果甚至可以用车装。

只是将其作为一个白面书生，一个让女孩子尖叫的帅哥推到台面上来，显然是不够的。人都说，老天不可能把所有的美好都加诸一人之上，偏偏潘安文采精神才气品格都是上上之选，实在是让人羡慕。

如此完美当然会招来嫉恨。史书上说，潘安阿谀奉承钻营权谋，有个成语来自《晋书·潘岳传》，书中说：“（潘安）岳性轻躁，趋世利，与石崇等谄事贾谧，每候其出，与崇辄望尘而拜。”意思是，潘安趋于势力献媚无耻，贾谧出门，他看到车轮溅起的尘土就已经开始下拜。想想也足够可笑。

能者招妒，自古如此。尤其是在官场上，谁还没几个政敌？司马伦自立为帝之后，亲信孙秀从跟班一下子成了宰相。而孙秀曾是潘安父亲的下人，潘父因孙秀人格卑劣一直与之交恶。这下子孙秀报仇的机会来了，住进了宰相府的第一件事就是拿潘安开刀，罗列罪名将潘安与石崇二人以谋反罪收监问斩。等被押至菜市口行刑之时才知道，好朋友石崇也在问斩之列。

二人相视一笑，已在断头台上被五花大绑的石崇说：“想不到啊，安兄你也来了。”潘安惨然一笑：“老友，还记得当年我送你的《金谷诗》吗？可谓白首同所归啊。”

潘岳当年曾赠其《金谷诗》数首，其中有“投分寄石友，白首同所归”一句，本意是好朋友一日为友就一生为友，等头发白了也要在一起对风吟诗，对月饮酒。谁知，被一首诗不幸言中。

死也不失风雅。

兰花：亦叫胡姬花，多年生草本，是开花植物中最大、最具多样性的科，约有超过800个属和25,000个种。传统指分布在中国兰属植物中的若干种地生兰，如春兰、惠兰、建兰、墨兰和寒兰等，即通常所指的“中国兰”。这一类兰花与花大色艳的热带兰花大不相同，没有醒目的艳态，没有硕大的花、叶，却具有质朴文静、淡雅高洁的气质，很符合东方人的审美标准。与梅、竹、菊并称“四君子”。通常以“兰章”喻诗文之美，以“兰交”喻友谊之真。也有借兰来表达纯洁的爱情。

1985年，兰花被评为中国十大名花之四。

24 菱角：司棋

与菱角的缘分极浅。

这东西江南才有，老家是极少见的。小时亲戚大老远带过来，说是味道极好，却被扎得血肉模糊，发誓不再吃。后来读诗，读到王羽的“胭脂影破澄潭白，菱角尖尖怎堪摘”时点头称是，忆起了当年第一次吃菱角时弄得满手是血，一副刚和人打了一架般的狼狈相。再读到陆游的“烟脂菱角空频摘，火齐杨梅已再尝。事不如心居十九，往来常羡捕鱼郎”时，醉了。

原来，这锋芒毕露的怪家伙居然也惹得人怜。

再后来，移居江南，得以与菱角时常亲近，街角的菜摊上、临水的桥栅栏上，经常摆着粉红白净的一堆。矮矬的身段，怪异的貌相，时不时捕鱼的船头上就挂了几串，那是鱼不上钩时随手扯上来的，回家煮熟了下酒。怎么端详，都觉可爱。

听说它在水下是粉红粉红的，生机勃勃清香欲破，离了水，很快就黑下来，像红妆卸去的妇人，被人间烟火熏得风韵不在。美如何丑又如何？老朽之后都只是一副皮囊罢了，草木一秋便如人一世，百年后黄土一抔，谁还在意？

孩子们喜欢。拦腰来上一刀，揣了蹲在门口，柴火棍儿挑着白生生的肉吃；男人就多杯酒，不是青瓷也不是夜光杯，就是掉了漆的茶缸子，随便倒上半缸，半坐半靠，喝得随意。

如此的淳朴乡情也这般自在闲适，真是羡煞人。

那是朴素的营养。像土豆白菜，入不得诗，却又不可或缺。如立在墙角的父辈的锄头铁锹，泼辣、坚硬，在你的生活里无处不在，却又地位卑微任由你忽视它遗忘它，只要你需要，它一定在，也不问问你要干吗，是去铲一垄草还是劈不知哪里来的野狗，有它在，你就不受欺负。稳妥、称手，又安全。

二等身份，一等重要，锋利得个性十足又脱不开泥土味。像一出戏里的小人物，出镜不多，台词不多，偏偏就鲜明得过目不忘。就像整部红楼洋洋洒洒，几个人记得司棋是谁?

司棋绝对只能算是配角的配角。曹雪芹吝啬笔墨，甚至连她的面相都懒得落几笔，只是说“品貌风流”“高大丰壮”，约等于一个女汉子。读到后来，果然也是菱角一般真的是个女汉子。她本是迎春的丫鬟，却偏偏爱恨分明得让人心疼，因为几个鸡蛋，竟然拆了一间厨房，“凡箱柜所有的菜蔬只管丢出去喂狗，大家赚不成”，简直就是江湖上的大姐大。大观园里的女人们只会葬花吟诗，还有谁这般泼辣?作为女人，也可以简单到用拳头取胜。

怎么看司棋都不是个让人怜的角色，甚至很难心生喜欢，在软玉温香的书页里唯有这个人像我讨厌菱角一样，总是能读出霸气和嚣张。她人高马大胆子也大、性情暴烈又市侩得毫无诗情画意，可是，若是论到情真意切快意恩仇，也还是数得上她。泼辣，豪爽，磊落，会生活又懂生活，不惹我时我安安静静，惹到头上就揭竿而起毫不手软。

当那个男人再回来时，一番话让人流泪:“一个女人嫁一个男人。我一时失脚，上了他的当，我就是他的人了，决不肯再跟着别人的。我只恨他为什么这么胆小，一身做事一身当，为什么逃了呢?就是他一辈子不来，我也一辈子不嫁人的。妈要给我配人，我原拼着一死。今儿他来了，妈问他怎么样。要是他不改心，我在妈跟前磕了头，只当是我死了，他到那里，我跟到那里，就是讨饭吃也是愿意的。”

接下来真的就一头撞死，连问一句值不值都省了。

能活得干脆，实在难得。她学不会小鸟依人，也学不会唯唯诺诺地活着，懦弱是无法选择的，但是死可以，做了，连对不对也不问。自己的酒自己醉，敢做敢当，以泼辣著称的尤三姐暗恋柳湘莲5年，连表白都不敢；黛玉与宝玉无缘，每天对花饮泣；整部红楼里唯有一人是自我救赎得最彻底的，不是黛玉，也不是尤三姐，是司棋。

高鹗续了若干章《红楼梦》，最合着我口味的一笔就是让那个司棋的男人陪着她一起死。有情人终成眷属，且不管是阳间还是阴间了，生同衾死同穴，都是幸福。

爱得彻底坦荡，如此才遗憾最少。

菱角：别名腰菱、水栗。一年生浮水草本。茎圆柱形，叶紫红色，莲座浮于水面，有黄色小花。菱角翠绿色，形若香囊，其上对生尖刺，锐且伤人。皮脆肉美，含丰富的蛋白质及维生素，可入药，有解酒功效。

菱寓意棱角分明、锋芒毕露，以及不委曲求全、直抒胸臆的坦荡和强烈的自我保护意识。

25 桂花：无花和尚

桂是有脾气的，越是冷开得越艳。中秋时候，和着圆月，香得一塌糊涂。

喜欢桂，跟那个嫦娥奔月的故事没有丝毫关系，倒是因为李清照的一句“梅定妒、菊应羞，自是花中第一流。”花中四君子中没有桂的位置，但是却令梅妒菊羞，那气场要大到什么样子？

自打读过李清照的词，自然是对桂花另眼相看的，谁知，翻到《吕氏春秋》“桂枝之下无杂木”一句时就很讨厌它的孤芳自赏，居然为了快活自己不给别人活路。《雷公炮炙论》中“以桂为丁（钉），以钉木中，其木即死”时就更愤愤不平，你自高自大你的，何苦抢别人的戏，夺别人的彩

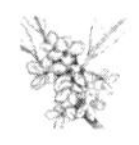

头？没有梅的艳傲，也没有菊的清高，何苦这般桀骜不驯得飞扬跋扈？简直霸道得过分。

可是一入秋，月还欲圆未圆，桂就拼了命地开了，或金黄或纯白，反正就是不带杂色的繁茂。一树香来，无酒而醉，连香都不带一丝凡气，安静恬淡，从容不惊，清澈无尘，让人不敢逼视。

那是矜贵雅致，像正值少年的好时光，来这世上凑个热闹，与那清冷的节气相得益彰的完美，虽是浪迹江湖，却一枝独秀地不合污于凡俗裙钗。冷艳孤高，浓烈却不浓艳，娇媚却不媚俗，不食人间烟火，所以它旁边才不许杂草丛生，让人不敢亲近。“弹压西风擅众芳，十分秋色为谁忙。一枝淡贮书窗下，人与花心各自香。”那悠远禅静足够消磨一整个晚上，披着月光，往醉里飘，飘得身心俱碎。

也开始知道，桂花下不该是那煞风景的吴刚，只知道抡斧子，不解风情，不知高雅。倒是该配着无花和尚那般的男子，诗酒琴瑟枰上棋残的才好。

号称“七绝妙僧”，下棋、弹琴、诗画无一不精，连烧菜也是天下一绝，少林第一高才岂是浪得虚名？连琴声都不愿沾着杀气的无花和尚素衣白袜一尘不染，做着惊天的大案，却不带一丝凡俗气，连站在他身边都会觉得污秽了他，桂花一样，不必杀人，已让人惭愧得难当了。

他谈经论道俨然得道高僧，却也参不透生死恩怨，最后还是没能脱得了一死。可是读《楚留香》，就是感觉那不是个行事险恶让人恨得踩脚的反面人物，那悠淡，简直离神不远。

做坏事都像是写一首不染凡尘的诗，无花和尚桂花一样不容身边藏垢，甚至连死都自己动手，他的骄傲都是顶天立地的。江湖上除了楚留香，别人连做他的对手都不配。孤傲，孤洁，自恃清高着也真的就这样清高着，孤独和寂寞于是便如影随形了，可以玉碎，不能瓦全，死也要死得优雅。

古书上说："谓盖桂枝味辛螯故也。然桂之杀草木，自是其性，不为辛螯也。"意在为桂树杀草开脱，说是它本圣洁，身畔不容杂草丛生是天性使然，并非恶毒心肠。无花也桂一样容不得身边的污秽，所以才大开杀戒的吗？

无论如何，无花和尚都算得上是个高僧，只是一些天性注定的东西无法割舍。手放下，眼看开，连无花也做不到，他心中有结，一个死结。他若是打不开那结，就了结自己，有些账，只能和自己算。

无花死时没觉得悲哀，只是感觉似乎什么通着禅意的曲子突然断了弦。毕竟他是个恶人，但活得如此优雅，死得壮美，又分明不负他的卓越风华和凌云之气。

善恶本在一念之间，衡量的标准也各不相同。有时候，大恶也是大善，大善又偏偏就是大恶，于是，善恶之分还是放在一边吧，我们享受那桂花一样的高洁玲珑。

桂花：别名木樨，常绿乔木，木质坚硬，很少斧伤虫蚀。叶对生，深秋初冬时始开花，愈冷愈艳，经冬不凋。为中国十大传统花卉之一。

桂花清艳绝伦，孤高自持，通透高广，有清艳绝远之出世仙意。

26 含笑：杜丽娘

春还未满，放学的路上便在半坡的野地里见到它了。灰褐色的枝干干瘪得像没有从冬眠里苏醒，花却挣扎着要开。

恹恹的，带着点慵懒，小小的鹅黄花瓣半合半放，细嫩的花茎抵不住那样的急匆匆，被迫微微低着头，像位倚窗静坐的旧时女子，在阳光未烈的上午，心疼一件洗得半旧的裙，安静得连那一刻的阳光也舍不得惊扰。

“只有此花偷不得，无人知处自然香。”杨万里是懂得含笑的，那些弱弱的枝蔓从不声张，老枝嶙峋里透着香，简直有些刺鼻。它们抢在草绿之前，甚至不需要用草的绿色做陪衬，自信得如化妆连粉底都不打。开花也不浓艳，半是懒散半是倦意，随随便便就香幽若兰，临风莞尔，实在是有仙意。

花开只艳一半，瘦影半开半凋，落红无人耐心扫，一任残风吹老。含笑是懂得收放的，是俏也不争春的那种，只管开自己的花，有谁来采，它不急，懂得耐心等。

像一梦三年的杜丽娘。

相思催人老，落到杜丽娘身上，老已经不过瘾了，竟然寻梦不得见，抑郁而终。实在太小家碧玉了。直到梦中情人柳梦梅金榜题名才算告一段落。有情人成眷属的大团圆甚至抢了悲剧的《西厢记》的风头，只是，实在看不了那些评论里把杜丽娘往高大上了演绎，什么“冲破封建礼教的典型”之类的，倒不如就当作一个结局美妙的传奇故事来看，像小时候蹲在街角托着下巴听老人家讲评书，听完了叹一声“好人有好报”这样来得接地气。

女人对爱，都太真，就像书中所写：“不到园林，怎知春色如许”，不去爱，怎么知道什么叫在天比翼在地连理？怎么知道帘卷西风时，人会瘦若黄花？狠狠爱，死也要爱。如此鲜活的小女子，倒是温文的典范，当年冯小青在《牡丹亭》扉页上写下“冷雨幽窗不可听，挑灯闲看牡丹亭。人间自有痴于我，岂独伤心是小青”时是肝肠寸断的，杜丽娘却没那么决绝，她只是恍然一梦，梦中自有天成之美。

女人的感性就是全身心地去赶一场爱，不一定非要贴上反封建礼教的标签。抓得住自己的快乐才是真的。别让爱情背负太多东西，爱情也背负不起。所有与爱情有关的电影戏剧小说，它们的观后感可以统统压缩成一句——此刻，有爱真好。

含笑： 又名笑美、含笑梅、山节子、白兰花。常绿灌木。早春结苞而开，关放半凋，欲开还闭，香味四溢，花叶俱美妙绝伦，开时常不满，如美人含笑。

其花象征着含蓄典雅内敛安静的淑女风范和自信安然的淡定。

27 扶桑：薛涛

阁楼上翻旧书，落出几片花瓣来。失了娇媚，干瘪得不见一点水分，倒是把书页弄得香气可人。我说，这大概是木槿，妈说，定是扶桑。问她为啥这么肯定，妈扭身下楼，在楼梯的拐角回头笑，“看，那花脉里，有股子放肆。”

一朵花，也看得出放肆？木槿芍药之流多居于庭院，有人提锄操剪细细地裁枝修叶，再佐以肥料润水，伺弄得温顺而娇贵，像一首首富丽堂皇的唐诗，朗朗上口又不失大气。扶桑就差着娇生惯养的滋润，全凭三寸气在，凭偶降的雨和难得的透过高树的光，可怜地在别家的墙角下绽上一两枝。虽然有着木槿般的闺秀气质，却还要靠自己挣那一饭一水的养分，没有手段，也用不上心计。别的花，就是彩釉的质地，浓艳、热烈、娇娆；而它，干净朴素，简简单单，像水墨淋漓的山水，只黑白两色，一个人过着写意生活。

水墨就水墨吧，水墨一样浸到纸背里去。扶桑，骨子里含着野性，学不会官宦人家那般扭捏作态的高贵，偏偏又是大开大合地豪放缤纷。“朝开暮落，落已复开，自三月至十月不绝。”每朵花的花期只有一天，却是此谢彼放，不停歇地奔放着，夺人的眼，摄人的魂，绵厚不息得让旁边的花妒忌。

池畔、亭前、墙边，时不时就见着几枝，孤孤零零却又自自在在，像隐士闲庭信步，又似居士参佛问禅，总之是自得安详的陶醉，苦无人问，乐无人懂，那些垂过屋檐的曼妙时光里，扶桑的陶然总是让人心生旖旎，像凌波踏浪而来的女子，带着我行我素的明媚和任性。甚至，夹在书页里不知多久了，失了圆润，干瘪得老态龙钟了，也还是香气袭人地明丽，甚至浸得那书也透着玲珑的花意缤纷。

那几瓣花重新折在书里，再把书细细收好，书脊上是《望江楼联赋集》。哦，说的不就是成都的望江楼吗？蜀中四大才女之一，唐朝四个最著名的女诗人中，那个叫薛涛的道家仙人，不就在望江楼下吗？再捧回手里，急匆匆翻到花瓣那一页，果然，汁水早浸到纸页中去了，淡粉的晕，染得字都模糊了，却是香，香得让人眩晕。恍惚间，似乎捧着薛涛笺。

诗人与元稹苦恋，为寄相思之苦，在浣花溪旁的望江楼下，取玉女津中水，浸花汁作笺，题诗以寄。满纸淡粉浅绿生意盎然的情啊，女子情怀，都一笔笔落在香笺之上，落在元稹案头。“风花日将老，佳期犹渺渺。不结同心人，空结同心草。那堪花满枝，翻作两相思。玉箸垂朝镜，春风知不知？”

薛涛笺是取木芙蓉花为汁，可是芙蓉太雍容，怎么比得上扶桑更带着妩媚中的几分肆意？

姿容美艳敏慧聪颖的女诗人八岁能诗，十几岁入乐籍，风尘太久，从没有过贵族生活，“为遭无限尘蒙蔽，不得华堂上玉台”，诗中所写，岂不就是艰难尝遍仍花香满地的扶桑么？看惯了秋水西流日上楼头，从一个小女子老成知天命的妇人，还是没熬到有情人成眷属。46岁的女诗人用她的粉笺寄诗情人：“皎洁圆明内外通，清光似照水晶宫。只缘一点玷相秽，不得终宵在掌中。”我是多好的一颗珠子啊，只因一点点瑕疵，就再难得主人欣赏。

出身官妓的尘中女子，怎么能妄想和当朝命官结成良缘呢？娇容老去，才气耗尽，一个弱女子，还能凭什么牵扯得住一颗老男人的心？尽信情时情若无，爱情终是换不来一汤一饭。日子靠不住，爱情靠不住，还是自己粉落成灰的诗，是唯一的寄情之物吧。

她读庄子，穿道装，每日楼头倚看落日，叹几声，写几个字，再把那粉红的短笺丢下楼去，看它们在风里飞。

老吧。老是一个动词，似乎听得到心碎的声音。

蔡襄该是懂薛涛的吧，他写过一首关于扶桑花的诗：

溪馆初寒似早春，寒花相倚媚行人。
可怜万木凋零尽，独见繁枝烂漫新。
清艳衣沾云表露，幽香时过辙中尘。
名园不肯争颜色，灼灼夭桃野水滨。

名园不肯争颜色。争什么呢？望江楼上的女诗人，站了这许多年，也只是遗憾地站成了别人的风景。

扶桑：又名佛槿、朱槿、大红花、照殿红。李时珍在本草中记载："东海日出处有扶桑树。此花光艳照日，其叶似桑，因以比之。"

扶桑花期终年不绝，株高五尺枝叶繁盛，其花深红色，大如握拳。"上缀金屑，日光所烁，疑若焰生。一丛之上，日开数百朵，朝开暮落。"以自持自坚的果敢韧烈和野性狂热的性情被称为"花中女魁"。

28 槟榔：阿房

海南乡下，参加朋友的婚礼，着实吃了一惊。

没有喜烟喜糖，来人就发一枚槟榔，辣得皱眉挤眼，却倒也个个面红耳赤容光焕发，很有些喜庆颜色。奇怪这是什么风俗啊，参加个婚礼也要受一番口舌折磨。

等老人道出缘由，也便释然了：原来在海南，槟榔被视为神物，特别是婚礼，槟榔是万万少不了的。新娘大红的嫁衣立在门旁，见有客到必奉槟榔，若是老人家，便道“食了槟榔日老日福，福子荫孙”；若迎到年轻学生则说“食了槟榔勤书执笔，步步高升”；同乡的女伴来了则又换了说词：“食了槟榔聪明伶俐，绣花绣朵。”等客人齐了，吉时已到，夫妻叩拜先祖，行大婚之礼时，也必跪奉槟榔。新婚第一天早晨，新娘铜盆盛水及槟榔各一，给父母送上洗脸水，名曰“捧水”。待到7天回门，也须备槟榔一担给男家及他的亲戚，名曰“担槟榔”。

听得目瞪口呆，其貌不扬的槟榔如何得了这般优待？简直成了陪嫁的伴娘。据说槟榔在海南是待客的圣品，“客至不设茶，唯以槟榔为礼”，更有甚者，行医问药都要加上一些槟榔，又成了包治百病的神药。

傍晚的街角，摆了棋端着茶缸子“傍闲儿”的人们更恐怖，把贝壳粉和成糊，新鲜的槟榔切了片，蘸上贝壳粉，再卷上椰叶，直接放进口里嚼个津津有味。形同咽草。粗糙的木质磨得舌尖生疼，入口涩苦，随后升腾起一股冲鼻的辛辣，嚼后脸红耳赤，头晕目眩如饮烈酒，卖槟榔的小店后墙上多是挂着“两颊红潮曾妩媚，谁知侬是醉槟榔”的对联，生动形象，居然是苏东坡的诗。

醉槟榔，有什么可醉呢？一方水土，隔岸两俗，人情世故如同槟榔，让人琢磨不透。

更让人称奇的是，那些土著人称呼槟榔“阿房”，常是让我幻觉到穿越到了战国时期，年轻的秦国公子嬴政冲着河对岸欢脱雀跃的姑娘喊：“阿房——阿房——”

幼时在邯郸沦为赵国的人质时，嬴政衣不蔽体食不果腹，还经常被打得皮开肉绽，赵国公主小月心疼这少年，常瞒着父王去牢里探视，给他擦药喂饭，日久生情。后来嬴政得以回国，两小无猜的少男少女一别多年。

公元前221年，秦始皇平定中原挥师南进，适逢瘟疫流行，军中多病，有民女进灵药，服立见效。始皇大悦，召之，答曰“此乃槟榔之力也”。一边说一边摘下项上的槟榔项链给始皇看。

邯郸之难遂现眼前。那赵国的公主项间挂的就是这串项链啊，擦药喂饭之里，那项链无数次在眼前晃，像一个不愿醒的梦。

“还记得阿政吗？”

秦始皇一句呼唤，有情人终又相逢。

当年的阿房还年少，现在的小月还是如水如烟的女子。为这女子建一座宫殿吧，取名就叫阿房。于是，渭河南岸的丘山上，石头采来了，木材伐来了，爱情也该来了。

赵国与秦国恩怨几世不同戴天，主公怎么可以娶一个仇家的女儿？秦始皇虽贵为一国之君却也抵不过群臣的众议，阿房性烈如火，为成全情人，竟夜悬于阿房宫下。

一死百了。只是，爱情走了，留下这无限江山又有何用？谁说一个雄霸天下的男人没有真性情？谁不想爱江山更爱美人？只是，美人已逝，空留三尺幽魂和七尺男儿一掬泪。

一座辉煌的宫殿，还不如一个寻常渡口，有帆有风，有情有义，这一次挥手，离开了就再不回来。那些花开得很好，却凋得决然，拿得下天下，却负了你。宫里宫外，天上人间，任是一个掌管五湖四海的君王，也敌不过情之一字，从此深入烟火，付诸尘土，高楼望断，也寻不到归程。

“睒槟榔者男女皆然，行卧不离口；啖之既久，唇齿皆黑，家日食不继，惟此不可缺也。解纷者彼此送槟榔辄和好，款客者亦以此为敬。”药圣李时珍对槟榔的医疗功能概括为“醒能使之醉，醉能使之醒，饥能使之饱”。

怪不得海南人如此宠爱槟榔，李时珍概括的这东西，岂非就是爱情？

槟榔： 别名仁榔、洗瘴丹、仙瘴丹、螺果，棕榈科常绿乔木，高可20米。雌雄同株,每年两次开花，花期3～8月，冬花不结果。果期12月至翌年2月。

“宾”与“郎”皆贵客之称。稽含《南方草木状》言：“交广人凡贵胜族客，必先呈此果。其果皮纤维质，内含一粒种子，即槟榔子。采而食之，有驱虫醒脑奇效。”意为久别重逢的爱。

29 芭蕉：风四娘

芭蕉，是一个很雄性的名词。

读着草绿绿的柔顺，却藏着最彻底的个性和坚韧。“骨相玲珑透八窗，花头倒插紫荷香。绕身无数青罗扇，风不来时也自凉。”杨万里轻飘飘地从那丛绿中踱过，一首妩媚的诗让风动心动，笔下分明是一位鬓插花枝的美妇，不惊艳，不媚俗，却也足够明朗阳光，斜倚楼头，有风在檐下过。

第一次踏上植着芭蕉的大道，很有些胆战心惊的恐惧感。数米长的叶子除了“威武”一词，实在找不出别的什么可以绘声绘色。怯生生退回到细草地上，托了腮看它们战士一般雄赳赳地在风里招摇，一时恍恍惚惚。

远处，有教堂的钟，晃悠悠敲了10响，余音袅袅中有些花粉香颤颤抖抖。

再来芭蕉道上，便放得轻松多了，那些威猛凛然的刚阳植株，其实也并没有多可怕。那高大粗壮，只为了与阳光在天上亲近，不让旁人打扰。

黄昏，沿街的甬道上总会有孩子挣脱了妈妈的牵扯，跳一跳，从芭蕉树上拉下一片绿，呼号着撒了欢儿跑远。那芭蕉，不摇不动，不言不语，任由那些风声啊雨声啊笑声啊，和着叶与影嬉戏纠缠，扑簌簌把那些压抑广播出来。于是，感觉这不修边幅的芭蕉也是柔软温情的，很英雄，也很浪漫，更有着挺立着的寂寞。在世俗人世间，讨快意江湖的狂放和失意，活脱脱就是古龙笔下的风四娘。

她芭蕉一样不拘小节，很粗枝大叶地活了几十年。35岁，是个不左不右的年纪。青春年少的妖娆与丰硕妩媚的成熟兼而有之，那风韵，丰满得像芭蕉的枝丫，热情似火，艳丽夺目，浑身上下洋溢着滚烫的活力和激情，想赖都赖不掉。她吃最辣的菜，喝最烈的酒，骑最快的马，杀最狠的人。这是个血性的女子，她不管别人怎么看，只要自己活得自在，活得潇洒，活得酣畅淋漓也就够了。

可是，爱情，一旦爱情上场，情节就急转直下。

“就算天下男人都死光了，我也不会嫁给你。”这话说得越是激昂，就越是缺乏底气。女人习惯用爱情抵挡一切，

却常常又被爱情拿走了一切。

她从来不知道家是一个什么样的词，别人家的孩子还在娘怀里的时候她已经流浪，35岁了，还是没有家，没有亲人。她只能芭蕉一样努力向上长，威武些，其实不过是虚张声势地掩饰脆弱。

芭蕉有风四娘那样自我吗？这个在出嫁的路上也能不安分地跳出花轿大吵大嚷着“不醉无归”的热辣新娘；这个甚至在洗澡时也可以随时置人于死地的女煞星，自我得嚣张而逍遥，却又永远无法真正放松与大意，狼一样时时警觉，累了倦了，也没有一湾清溪聊洗风尘。

有一种恐惧与疲倦是深入骨髓的，因为她流浪到了35岁，还是无枝可栖。青春还能绿多久？将逝的好年华让她不得不芭蕉一样顽强地向上长着，长成人见人怕的魁梧，再用巨大的枝叶把整个身子严实地包裹起来才算作罢。然后有一天，呼啦啦该开的花都开了，该结的果也都足够多，找个绝佳的角度望一眼，满身的凤冠霞帔，美则美矣，却也虚张声势地孤单，寂寞得让人的心，揪散了般的疼。

巨幅的宽厚叶子密不透风地遮挡着一颗柔软的心，那也活该隐藏着芭蕉的激情和爱吧。风四娘的爱也小心地藏着，芭蕉一样藏到一个无人可能碰触的角落里。她明明爱着萧十一郎，那个不修边幅翩然来去的江湖大盗，却又努力成全萧十一郎和沈璧君，为她心中的那个男人的快乐，做自己最痛苦的事，然后，一个人躲在心里，给自己取暖。那首著名的词怎么说？“何处合成愁？离人心上秋。纵芭蕉不雨也飕飕。都道晚凉天气好；有明月、怕登楼。”不登楼如何望远？不登楼怎寄相思？

可是，芭蕉是固执地紧贴着地表生长啊，登楼的只能是飞扬的想念。杨开泰是真心对她的，只是，她的思念却飞到了萧十一郎的身边，芭蕉虽粗粗大大，却只容得下一颗心。矛盾感开始蒸馏，很老调的戏剧情节是，你无法和你爱的人在一起，却又总觉对不起那个可以在一起的人。她清楚地知道杨开泰真心一片足可以托付终身，但情意上又无法消除萧十一郎的微笑。他只能成全着萧十一郎，把自己立定站好，像一棵守望红尘的树。

“芭蕉为雨移，故向窗前种。”才子杜牧该是芭蕉的知心人。那些不离不弃不远不近的守候，时常让整个季节心痛。为了他，她宁可辜负青葱样的青春，付出所有，不再问值与不值，她对杨开泰的愧疚是密密匝匝的叶，那心，永远敞开着面对那个明明令她伤透了心却又偏偏无法忘却的人。“阳关一出三千里，从此萧郎是路人。”萧十一郎轻吟着转身的时候她也转身，绝不会拖泥带水，更不会死缠烂打纠缠暧昧。雨过芭蕉，爱的酒早已凉了，浸了那秋的雨，和不再悸动的心。不可为而为之的等待谁能说不是一种磅礴？一个转身，陌路上风尘乍起，雨正浓。

“若说没奇缘，今生偏又遇着他；若说有奇缘，为何心事终虚化。”总有些歌一再迭唱，唱到杜鹃啼血，唱到青山白头。芭蕉绿意丛生，为一个爱的人，静静地守一个雨季渡口，静静地贪恋红尘，一再把心底里香香的祝福招摇着，向远方。

每一朵花，都是一个精灵。像回不去最初的种子，绽放了美，就回不去含苞的日子；被别在襟上，也就回不去枝头暖意，就像我，握着满把的年龄，握得稍紧一些，就总要掉落几岁。

我们，回不去风华正茂，回不去同学少年。

而那些无法回去的路上，花是津渡迷途的女子，倚桨望月。

这时候，若是远远地从芭蕉丛立处拐过三两个妩媚的女子，便恍惚感觉在热带椰风里风吹人醉，那些无人落目的裙裾，便在芭蕉的无语中，与那些温柔的眼光同步。风四娘动于情，止于爱，像一位宽厚温存的大家闺秀，又像一位顽皮可爱的邻家小妹；是江湖豪杰，也是纤弱村妇，一株高高挺立着固守寂寞防线的雨中芭蕉。

雨打芭蕉本来就够凄怆的，梦魂逐着芭蕉叶上的雨声追寻，更让人觉得凄恻。

七月十五，人间的“鬼节”，她的生日多少有些隐喻，圆月、风雨，丰满之上的颓败中，又夹杂着宁和之下的期待。

芭蕉：常绿大型多年生草本植物。茎高3米~4米，不分枝，丛生。叶大如扇，可达3米，叶背粉白色。喜雨，果实与香蕉相似。

“扶疏似树，质则非木，高舒垂荫”，古人多将之与雨合写，遂成雨中悲泣之文。

隐喻沉静的隐忍的爱和悲伤、忧愁与凄苦、思念与幽怨的心境，以及故作漠视的守候和牺牲退让。

30 滴水观音：林仙儿

推开姐家门的时候，姐家孩子正小心翼翼地用指尖蘸了水往叶子上滴。问她干吗呢，小丫头笑，头不抬眼不睁的，“它叫滴水莲，我却从没见它滴过水，我在给它人工降水。”姐在一旁讪讪地笑，“我总是伺弄不好这些娇滴滴的东西”。

定睛看时，半埋着的根，挺着几根高高的茎，茎的尽头撑开心形的叶子，果然是一株滴水观音。

那花是高傲的，样子极富贵。没有过多的枝枝蔓蔓，从离了土时就分成细高的茎，茎上也光秃秃的没有任何内容，然后直接撑起巴掌大的叶子，微微垂着，不带一丝害羞的样子，反倒显得挺拔俊朗，有些峥嵘味道。

通体的绿，没有一丝杂色，绿得像是翡翠雕成，身段婀娜，带着刚直的硬度。我说，该松松土了，姐摇头，“怕弄疼了它”。

花怕伤根，就像人怕伤心。滴水观音也不例外。每一株花，都有一颗易伤的心吧，疼了，就落泪。可偏偏，这本该滴水的物种在姐家的花盆里又不落泪。

这花的奇特在于，那叶片长得像修长的手掌，伺弄得好，叶尖上就会欲滴未滴地含着一粒晶莹的水珠。远远看去，分明是观音菩萨的指尖垂着九花玉露。也许滴水观音这名字就是这么来的。名字很有禅意，那叶尖含着纯洁晶莹的水滴却有着致命的毒，让很多人对这花敬而远之。那些挺拔的花茎壁上挂着黏液，根吸了水，向叶尖传，也带了那黏液，带着黏液里的毒。那毒无色无味，纯洁得似乎没有一丝危险，可是一旦入眼就会红肿流泪结膜发炎，滴到伤口处，伤口也会溃烂，甚至小孩子娇嫩的皮肤沾了那水也会瘙痒过敏，实在是不敢忽视的毒。

女人的眼泪是不是也饱含着一种毒？

如果有什么东西能让一个男人失去自我，失去自尊，那可能就只有女人的眼泪了。

阿飞爱上林仙儿，并不因为她的美丽，也许只是因为英雄气的男人见不得美人垂泪，幽幽怨怨，凄凄切切的只一声泣就足够方寸大乱万劫不复了。

只是，单纯如阿飞，实在无法分辨女人眼泪里是不是也像他手中的剑那样锋利而单纯。江湖第一美人的心也是剑做的，冷酷而残忍，但相对于未识人世深浅的阿飞，林仙儿实在是看惯了太多的悲凉欺诈，而她报复男人的方式只有一个，那就是她的美丽。

谁说美丽不是最凶险的武器？百晓生做兵器谱，其实是漏洞百出的，排名第一的天机老人死在了如意环下，而排名第二的如意环却败给了李寻欢。阿飞一直对兵器谱上没有自己的名字耿耿于怀，其实所有争天下第一的男人在女人眼里都很可笑，天下第一的武器，就是美人的眼泪。百晓生列出的兵器谱，前十位里除了天机老人之外，就只有李寻欢没有被她的眼泪迷惑。

在孙逵的店里，林仙儿不小心跌入李寻欢的怀里，李寻欢却冷冷地看着怀中的美人，淡淡一句“你并没有自己想象中那么漂亮”，这一句，已经足够林仙儿记一辈子了。也正因如此，她必须降伏李寻欢，因为所有强者的心理上，越是得不到，越有征服欲；而阿飞，不仅疯狂地爱着自己，更因为他是李寻欢的朋友。

阿飞埋剑归隐淡出江湖是为了林仙儿，与李寻欢割袍断义是为了林仙儿，他将自己的所有纯贞和爱情都给了她，而她则用阿飞的水晶之恋欺骗所有男人。当阿飞亲眼看到那个甜甜地叫自己“小飞”的女人躲在上官金虹怀里时，这个武功高到目中无人的剑客突然就成了一具躯壳。空空的，只剩寂寞。

当林仙儿发现阿飞已经再无利用价值时，毫不犹豫地走掉了。阿飞的剑，输给了一滴泪。

那滴泪其实并没有落下来，它只是挂在林仙儿的眼角，欲滴未滴，像滴水观音叶尖上的那颗。有阳光照进来，晶莹剔透得像一滴圣水，只是，那水有毒。

谁是谁的毒？谁又是谁的解药？

还是古龙说得对："一个男人若以为自己了解女人，他无论受什么罪都是活该的。女人为什么总是要伤害爱她的人？这也许是因为她只能伤害爱她的人，你若不爱她，怎么被她伤害？……你若不爱她，她无论做什么事，你根本都不会放在心上。"阿飞以为爱情可以是一切，而林仙儿则正利用了爱情，成就了自己的一切。

原来，那滴泪欺骗的不是男人，而是爱情。

女人只用眼泪就可以翻手云覆手雨，君临天下笑傲群伦。懂得这道理，似乎也就有了解药。

足够美，又足够聪明，有了这两样，女人似乎就可以天下无敌。百晓生的兵器谱只考证武器和身手，却忘了性别也是武器，甚至连眼泪都是。

江湖是男人的世界，林仙儿一介女流，却偏偏要在男人的世界里走一圈，还要以胜利者的姿态走，自然要动用只有女人才有的武器才可以攻无不克。笑得像太阳，却冷得像

冰，柔若无骨却蛇蝎心肠，整部《多情剑客无情剑》里，林仙儿都是以阴险歹毒的恶毒女人形象出现的——一个专门带男人下地狱的女人。她设计陷害李寻欢，因为李寻欢从来不迷恋她的泪；她利用阿飞，因为阿飞把爱情看得比手里的剑还重要。

如此险恶的女人，简单到用一滴泪就横扫江湖的女人，在那个夜幕四合的黄昏，身边所有的利器都指着她，她已经退无可退了。那一刻，雨如注，泪如注，她卧在泥泞里，输得一无所剩，却含着泪抿出一丝笑，心头一个念头闪过，"不知道阿飞怎么样了"，只这一句，所有的过错就都值得原谅了。得到了江湖又怎样？这个似乎无所不能的女人，其实还是在乎阿飞的，她不过也只是一个一无所有的懂得感动的可怜女人。那一刻她突然想通了，这世上，只有阿飞是真心地实在地对自己好。

而同一时刻，那间血腥味十足的小屋里，阿飞也想通了，林仙儿对自己根本就不是爱，也不值得爱。大梦初醒的阿飞推开门走出去。泥泞里的林仙儿苦苦哀求，紧紧抓住他的衣服，而雨中的阿飞，甩掉了身上那件被林仙儿抓得死死的破旧衣裳，迎着雨，赤着上身，走出去。

古龙不愧是大师，有些话真是经典："这世上大多数人本就是为了别人而活着的——有些是为了自己所爱的人，也有些是为了自己所恨的人——这两种人都同样痛苦。"

这世上真正快乐的人本就不多。

滴水观音：别名滴水莲、佛手莲、狼毒。多年生常绿草本植物，叶如佛掌，根、茎中的汁液有剧毒，会随茎排出，聚于叶尖，故名。汁液可导致皮肤过敏，入眼甚至可以导致失明。

滴水观音的花语是内蕴清秀；也代表着不可触碰的危险和美丽的诱惑。

31 芙蓉：花蕊夫人

小池南畔木芙蓉，雨后霜前着意红。

犹胜无言旧桃李，一生开落任东风。

这么大气孤傲，是芙蓉。

“千林扫作一番黄，只有芙蓉独自芳。”苏轼一句偶然拾得的诗成就了芙蓉的一世英名。也难怪，晚秋开的花本就不多，偏偏芙蓉一开就满城锦绣，什么牡丹啊芍药啊，不知都躲到哪里去了。

谁敢和芙蓉争颜色？

一场雨后，天气凉了。芙蓉抖掉几瓣落红，依旧风风火火。芙蓉的奔放里有沧桑的美，不造作，不扭捏，像晚炊之后的倚门美妇，笑得烂漫。原来，这便是“如花美眷”。

美就不必说了，“芙蓉”这两个字已经旖旎得让人唇齿生香。清晨，那些推开柴门的早行者看到的是白如雪的芙蓉，午后开始，那雪已成血，如一个征衣溅血的勇士，故而芙蓉又有了“三醉芙蓉”的美称，像不像一个女人的成长，从最初的纯真可爱，到中年之后的丰润。看多了流年光阴也看惯了尔虞我诈江湖险恶，把一身未开的纯朴演绎成娇艳的清凉，把当初的纯洁熬成淡看炎凉的漠然。那些花浅笑着，叹红颜易老，美人迟暮。

看芙蓉是要去成都的，就像看牡丹定是要到洛阳。成都又名“锦城”，便与芙蓉有关。

五代时，后蜀孟昶的妃子花蕊夫人天性喜花，尤爱芙蓉。孟昶为取悦花蕊夫人，命于城中广植芙蓉，等花开之日，果然一片灿烂，孟昶笑曰：“芙蓉无花争香斗艳，而今满城锦绣，我蜀中真锦城也。”

作为中国人，要说一首唐诗背不出来简直不可想象，三岁孩子也会踉跄几步，然后扭头吟上一句“白毛浮绿水，红掌拨清波”，可见唐诗本就是中国文化的招牌，顶风的大旗。而整部唐诗中，论到女子，鱼玄机、薛涛虽传奇一身却相貌平平。

“花不足拟其色，蕊差堪状其容。”花蕊夫人一介歌

妓，仅凭天姿国色便可得蜀主孟昶垂青，诗笺如雪，红腮作妆，玉嗓如莺的花蕊夫人不仅歌舞双绝，且做得一手好菜，“绯羊首”“月一盘”等都是花蕊夫人玉手调羹，加之冰肌玉骨，粉面樱唇，尤其文采飞扬出口成章，更令蜀主孟昶忘乎所以。自古才貌双全者无不令人惊艳称奇，罗袖漫卷便风采摇曳，让那些自命不凡的男人们直了眼睛酥了身子，蜀主孟昶也不例外，整日不理国事，与花蕊夫人相携书案吟诗作对，直到宋太祖赵匡胤以6万之众破孟昶14万甲兵，这好日子才轰然作罢。

历史层层叠叠繁繁郁郁，一笑倾城的事多次上演仍然叫座，精彩得花样百出。一国之君们也丑态毕露乐此不疲，概因国君之重，若没有三五红颜前呼后拥便不足以逞称雄之气势，妻妾成群也构成了帝王们独有的威严，而偌大的排场最终总是上演一出国破家亡的悲剧。

孟昶自缚出城请降，自然也忘不了带上花容月貌的花蕊夫人。而这位美得令人窒息的花蕊夫人也把宋太祖弄得心猿意马神魂颠倒，孟昶请降之后才刚刚7天便暴疾而终，后人认为是太祖毒死的，这话可信度挺高。

一道请降的孟昶之母不言不语不落泪，绝食数日而亡，倒是花蕊夫人宛转从命，成了宋太祖的红粉景象。

太祖早闻花蕊夫人诗词无双，那日，酒席宴上便要夫人作宫词一首以助酒兴，夫人也不含糊，开口吟道：“初离蜀道心将碎，离恨绵绵，春日如年，马上时时闻杜鹃。三千宫女皆花貌，共斗婵娟，髻学朝天，今日谁知是谶言。”词中多隐亡国之痛，太祖略感沉闷，命再作诗一首，便是那首令花蕊夫人名垂青史的述国亡诗：

君王城上竖降旗，妾在深宫那得知。
十四万人齐解甲，更无一个是男儿。

一句“妾在深宫那得知”把自己摘了个干净，亡国之事跟她就一点关系都扯不上了。说来也是，不能怪女人生得太美，只怪男人不能自持，说到底，还是男人那些汹涌着的荷尔蒙罪大恶极。

铿锵有力的诗句也让唐诗里那些大老爷们黯然失色自叹不如。想必在唐宋之时，仅凭这短短几句就会招得众多文人拜会诗人侧目。不过回头想想，若不是孟昶迷其美色，不理国事，又何来一片解甲风景？摩河池上的水晶宫殿，楠木为柱，沉香作栋，珊瑚嵌窗，碧玉为户，壁非砖石，尽取琉璃镶嵌，四周青翠飘扬，红桥隐隐。那风光岂不是亡国之景？把国破家亡归结到妲己杨玉环们身上，其实想想，情不迷人人自迷，关人家啥事？

男以健壮为雄，女以花容为妍，自古美人一张脸蛋便胜却风光无数，而一旦国君沉湎其中，则多为败国之象。妲

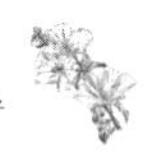

己、貂蝉之后，有理由相信，女人的美，也是一种罪，这种罪让人面红耳赤死不悔改，在史册的缝隙之间探头探脑，让貂蝉之后李煜、吴三桂之辈把仅有的骄傲转成悲哀。红颜祸水常在嘴边却毫无警醒，男人的无赖便是把自己的好色曲解为女人美得离谱，实不知，女人的美更多的是取悦自己而不是取悦于男人，男人自陷其中又怨得了谁？

花蕊夫人诗词不少，仅古籍中便存诗数百首，多为宫廷艳词唱和之作，在唐诗选辑中则通常只录一首，可只是这一首，便为唐代女人增色不少，英姿如许，却又是无奈之音，无能之辈。虽诗存千古却仍不得好死，是死于美貌还是死于嫉妒，恐怕就没人说得清了。闭月羞花之貌本身就把亡国之痛演练得极其逼真，也把历史更迭的速度拉扯得十分紧凑。而时间的进步，却又多是在红颜淡笑之上，而非厚重的纸页之间，让人们饥渴之余，有一种醉忆脂粉我犹怜的兴亡之慨。

据说，花蕊夫人虽然委身于宋太祖，却私藏孟昶画像，每逢初一十五必当沐浴焚香供拜。宋太祖得知，命其交出画像，花蕊夫人不从，宋太祖一怒之下勒杀了花蕊夫人。后人仰其对孟昶的忠贞，尊其为“芙蓉花神”，故芙蓉又有“情花”之谓。

芙蓉：又名拒霜花、木莲。锦葵科植物，落叶灌木。花姿极美，白色或粉红色，到夜间变成深红色，芙蓉花因光照强度不同，故引起花瓣内花青素浓度的变化。

象征着纤细柔美、贞操、纯洁和至死不忘的爱情。

32 夹竹桃：冯小怜

山只爬了一半突然大雨，几个人挤在半山腰的亭子里很诗意地看空山新雨。原来缭绕缠绵的雾气一瞬间荡然无存，满眼清绿。

友人念诗："空山新雨后，天气晚来秋。明月松间照，清泉石上流。"是王维的《山居秋暝》，时令景致都对着路数，顿觉身轻气爽妙不可言，似乎再在山路的拐角挑出一角禅房的屋檐就更美了。另一友则低吟："帘外绿荫多，满地落花谁扫？休扫，休扫，一任东风吹到老。"

同行的说，莫要煞风景，哪里来的落花如雨。友用下颌点点亭外的树。果然，一场急雨打落花瓣无数，满地缤纷，好一个"一任东风吹到老"，多少萧瑟秋凉，尽在其中了。

那些兀自挑着翠挺挺的枝叶仰首向天的叶子固执地在渐小的雨里抖，有一丝丝努力挣扎着不肯认输的意思。细如手指的主干上撑开许多叶片，在雨里显得我见犹怜的凄楚可爱。原来挂在枝梢的花不堪摧折，零零散散地碎在地上，像一瓣瓣略略张开的诧异的唇，唇上胭脂未褪，还带着枝头的鲜香。

那是夹竹桃。

据说这是植物界里最蛇蝎心肠的。它的毒，只要一小口就足够放倒一个成年人。传说，在朝鲜半岛，若是与谁有仇就请他来家里做客，不露痕迹地用夹竹桃的枝干做成筷子，这样就可以在一个愉快的酒宴上大功告成，而夹竹桃的毒很难检测出来。它的毒性大到离它十丈八丈开外的水都不能喝，前些年台湾省和印度还有过不少误食夹竹桃植株旁边的野果和饮水而送命的事。

看似花团锦簇的生命，何苦害人？

友人说，你不碰它就没事，怎么反倒来怪它有毒？它的毒只不过是为了保护自己，天底下哪一只乌龟愿意天天背着重重的壳？说到底还是欺负它的人太多。

真是至理，玫瑰有刺，但花好不折，也就不会伤了手，它的刺就构不成危险；夹竹桃有毒，也不过仅是它的防身手段罢了。一枝花，如此无辜，却背着骂名，实在是冒渎美丽。

史书上那些祸水红颜不也一样？美丽无罪，罪在以色误己之徒才是。李商隐的诗“一笑相倾国便亡，何劳荆棘始堪伤？小怜玉体横陈夜，已报周师入晋阳”说得具体，但也带着大男子主义的“红颜误国”之慨，本是男人的过错，凭什么就把罪责都归到女人身上？

“一笑相倾”和“玉体横陈”都是耳熟能详的成语，前者的故事传得很滥，倒是玉体横陈的冯小怜，值得品味一回。

据说此女擅歌舞，犹长古琴，琴起可使归鸟闻琴而落，偏生又如花似玉体香如兰，北齐后主高纬视为明珠，还令其裸卧朝堂，让大臣们排着队一览秀色春风，“千金一视”，遂有“玉体横陈”一语横空出世。

不过想想似乎也说不通，一个皇帝，视为珍宝的女人就该一人享用，别人多看一眼就够推出午门砍头的了，怎么会广而告之靠美色敛财？一国之君也不缺那几文吧。从小也对“高祖刘邦母梦遇大蛇，后遂有孕”、腿上有72颗痣、每逢下雨就香气四溢之类的正史描述不敢置疑，不过想想，一个小小的亭长都可以被描写得伟大至此，把误国之罪嫁于女人之上又何足挂齿？

历史关于冯小怜美色误国的细节简直是叹为观止。当年北周军队狂攻晋州，时值高纬与冯小怜围猎，前方告急，冯小怜却余兴不止，在高纬派兵之前还要他先陪自己再猎一场。于是有了李商隐句："晋阳已陷休回顾，更请君王猎一围。"高纬国破家亡之时，不是想着如何复国，而是请赐回她的美人冯小怜，比起昏君纣王更胜一筹。

等后齐被灭之后，因为冯小怜实在太美，先是被赐给了宇文达，后被赐给李询，最后还是难逃一死。宇文达妃子是李询的妹妹，她与冯小怜争宠，冯小怜随后演出了一场五代十国版的《甄嬛传》，差点将李氏迫害而死。后来隋文帝建国，又将其赐给李氏的哥哥李询，李询为妹妹报仇，令她穿着粗裙舂谷。后来，李询的母亲干脆赐死了她。

伴在君王侧的女人定是极美的，红袖添香之余，似乎也红袖添乱。似乎那些败国之君，都是毁在了女人的石榴裙下，不是君王无能，实在是女人太美。不过，这借口怎么看都似乎不合逻辑。酒不醉人人自醉，色不迷人人自迷。是好色误国，而不是色误国，就像花虽有毒，你保持距离就不会有危险。你沉迷于花香，偏要一亲芳泽，那就别怪我扎你的手要你的命了。

冯小怜有过一首诗，宇文达命其弹琴，弦为之断，于是冯小怜望琴流泪，诗云："虽蒙今日宠，犹忆昔时怜。欲知心断绝，应看焦上弦。"

倒也凄切入骨，冷艳中带着旧情不忘的珍惜。

夹竹桃：常绿灌木，花开紫红色，浓香艳烈，鳞片状重瓣，娇艳异常。花似桃，叶像竹，性耐寒，四季常青，春夏秋三季皆可开花，此谢彼开，分外娇艳。

有资料称，此花应为甲子桃，源于其虽花开繁盛，却很少结果，60年结一次果，果实极为少见，故称甲子桃，“夹竹桃”为语误。

夹竹桃是植物界中毒性最大的品种之一，其毒素少量即可致命。

夹竹桃寓意美丽而危险，请勿靠近。

33 梧桐：钟子期

凤凰该是国之神鸟了。凤求凰，三个字，却极尽缠绵相思的美好，每每读到，都醉得头晕目眩。

与凤凰相似的还有梧桐。

传说，梧为雄，桐为雌，结伴而生对视而死，度它们的纯情岁月。于是，它们用来形容纯粹的爱情；因其挺拔俊美，又成了文人笔下孤傲清高的意象，甚至连李煜的落拓都可以寄予梧桐："无言独上西楼，月如钩。寂寞梧桐深院锁清秋。"真够绝的。

从《诗经》开始，所有的笔墨似乎就都避不开梧桐的影像，还和凤凰合二为一，成了高洁品行的象征。"凤凰鸣矣，于彼高岗。梧桐生矣，于彼朝阳"，简直佩服古人的想

像，那意境，分明是一种梧桐崇拜。

我倒更欣赏它身体里那种凄迷的离愁。去看梧桐吧，苍白俊朗的无语萧索，太合着离愁别绪的拍子了，若是有一湖水在身旁，桨斜横，酒尚温，一曲风萧萧易水寒的歌，这世界就太冷了。

“春风桃李花开日，秋雨梧桐叶落时”，梧桐是一种苦别之后的凄凉，白居易显然是深知梧桐的心意，用一枝横斜的梧桐就把离别刻得沁凉入骨，硬生生地疼。它不求人懂，就那么孤傲地站着，冷眼观世，不言不语，甚至连一丝微笑都吝啬于挂在叶尖枝头。

于是，再路过梧桐，便不敢贸然唐突，因为不敢与那些冷伤对视。

还有钟子期，那混迹渔樵的俗世中人，也竟可以是梧桐的听语者。

读《警世通言》，想钟子期，那腰插板斧的砍柴人，懂凤凰，也懂梧桐，实在是不可方物。“五星之精，飞坠梧桐，凤凰来仪。凤乃百鸟之王，非竹实不食，非梧桐不栖，伏羲令人伐之，截为三段，取中一段，送长流水中，浸七十二日，用高手匠人斫成乐器。此乃瑶池之乐，故名瑶琴。”岂止是梧桐凤凰的知音啊，一把琴，也深在其心。于是高山流水，伯牙惊乎神人。

上国名公与穷乡樵子的两个男人也可以如此诗情画意相遇，伯牙闻得子期的死讯仰天长叹：“相逢满天下，知心能几人?”这一问，整个岁月都苍白了。那一刻，厌世之情该是油然而生吧，毕竟这凡尘俗世，再无可恋。

还是听琴吧，有关那个唇齿留香的故事，真的不必再费笔墨了，悲剧啊，又是一出悲剧。子期一殁，伯牙愤而摔琴，那故事真的山高水长。“摔碎瑶琴凤尾寒，子期不在对谁弹?”从一把琴上就可以把凤凰梧桐都读懂，这世上所有的相遇，就都化成琴音了，只是，听琴的人却终不在，“此曲终坐不兮不复弹，三尺瑶琴为君死。”死的还有一怀不可再见的遗恨。

钟子期该是不悔的，这个竹杖芒鞋渔樵山水的凡俗子弟懂那些闲隐之趣，更懂指下琴音，如此老去，也如梧桐一般，清冷峻拔得似是不食人间烟火。听了琴，下山去，敲一扇柴门，喊一声：“娘，我回来了。”然后卸下肩上的柴，去灶上盛饭。他心里，住着一份人间仙意，谁敢不承认，那也是一个布衣粗食的圣者，像梧桐，生在凡间。

“恩德相结者，谓之知己；腹心相照者，谓之知心；声气相求者，谓之知音。”听琴之人与抚琴之客，哪一个不是重情重义的汉子？那梧桐枝干制成的瑶琴，就此绝响。

梧桐：落叶乔木，锦葵目梧桐属。别名青桐、碧梧、青玉、庭梧。树高可达15米～20米，干挺直，皮斑驳，呈绿灰色。长速快，寿命长，一般可存世百年以上。花小，且碎，盛夏开放，雌雄同株，黄绿色，色泽光鲜明亮。古人称其“皮青如翠，叶缺如花，妍雅华净，赏心悦目”。民国以前，居家常前植梧桐后栽翠竹。

以其高洁品格，象征纯洁的友情和爱情，并含离伤别痛之意。

34 合欢：刘翠翠

读《情史》，有："刘世用尝在高邮湖，见渔者获一鸳鸯，其一飞鸣逐舟不去。舟人杀获者而烹之。将熟，揭釜，其一亦即飞入，投汤而死。"讶然于鸳鸯的决绝和忠烈，似乎整部《情史》用这短短几十字就可以一言以蔽之了。就想，人若有情能活成一对鸳鸯，该是不负心盟此生无憾，一生也足够好了。

就想起了江南大道两旁那些开得正艳的合欢。半红半白的花朵满树满径，把整个天都搅得缤纷，开得那么旁若无人自在。白色的蕊如玉初绽，红色的瓣又像润湿的唇，半是贞烈半妩媚，实在妙不可言。

原来花中也有生死不离的物种，生时雌雄合体，死亦

不离不弃，一枯俱枯一荣俱荣，迎风而生，随雨而安，守一窗山水，花开时有懂花怜花之人，花便不妄此生，何妨就此谢去；人去时有懂爱惜时的红颜，人又何惧老？花且如此，人何以堪？“最爱朵朵团团，叶间枝上，曳曳因风动。缕缕朝随红日展，燃尽朱颜谁省。可叹风流，终成憔悴，无限凄凉境。有情明月，夜阑还照香径。”谁写的词？真是合欢的知己。

那是生亦相从死亦从的花。不信你看，即便是零落入土，也是花蕊不离，死死相拥，像极了那投汤而死的鸳鸯，活着时举案齐眉，死时也同汤而熟，浑然不分。

有一本书，女主角刘翠翠死后托梦，言道：“良人不弃，特来相访，托言兄妹，暂得相见。隔绝夫妇，彼此含冤。以致良人先亡，儿亦继没。犹喜许我附葬，今得魂魄相依……儿与金郎生虽异处，死却同归。儿愿已毕，父母勿以为念。”像不像那死不分开的鸳鸯？冯梦龙果然是煽情好手。

那回书取自《二拍》，刘翠翠与金生婚后不久即被人掳走，金生多方访寻，尝遍流离之苦，耗8年时日才寻到妻子，然妻子已成他人之妇，无奈只好托名兄妹，才与妻子相见。相聚不久便一病而死，刘翠翠伤心过度，药石不服，“心里巴不得要死”，死前请“葬于兄侧，免做他乡孤鬼”。

家中老父见金生寻妻不归，亦出来相访，偶做一梦，梦中刘翠翠以实情相告："向者不幸，遭值乱兵。忍耻偷生，离乡背井。叫天无路，度日如年。良人不弃，特来相访。托名兄妹，始得相见。隔绝无妇，彼此含冤。良人先亡，儿亦继没。许我附葬，魂魄相依。生虽异处，死却同归。连理何须一处栽，多情只愿死同埋。"情之正果，能死同穴，算不算得是幸事一桩？

哪里有爱，哪里就是家，同穴而死，胜过生而分离。那鸳鸯，那合欢，便是此中君子，甚至比人更可爱。

死，也能死得如此温暖，这一生，还用问一声值不值吗？有什么比死在爱人怀里更幸福？

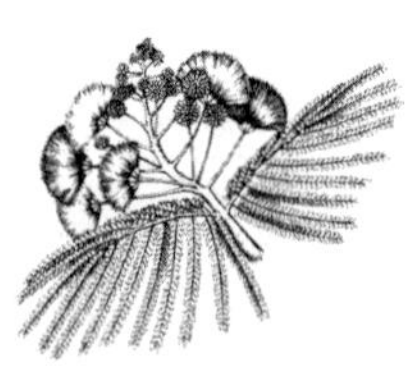

合欢：别名马缨花，落叶乔木，叶互生，以相拥之势缠绕生长。开花如丝如缕，半白半红。花叶清奇，姿势优美，开时绒花满树，有色有香有浓郁香气。喜阳光，日落而合，日出而开。

象征永远恩爱、两两相对、不离不弃，夫妻好合。

35 曼陀罗：傅红雪

姐姐家孩子追着我问："蒙汗药是啥？蒙汗药是啥？"这孩子最近迷上了《水浒》，而那部书里无论是江湖豪杰还是无耻宵小，都会有事没事摸出包蒙汗药来做些什么不可告人的勾当。

百度后，吃惊不小。标榜着"中土大唐"的蒙汗药，原料居然是充满神秘的古印度的神花曼陀罗。这东西可以使肌肉松弛，汗腺分泌受阻，从而体温升高，造成强烈的过敏反应和内热症状，其香闻之即醉，不省人事，数日可除；若食其植株，则无药可救。

曼陀罗的神秘有目共睹，它清丽妖娆，大开大合，在西方文化中有着通天的魔力。它喜欢诅咒，带着妖艳的邪气，那香足够醉人的，让人一醉不醒：剧毒，无解。

真够毒的，谁还敢提起兴趣去挑逗它？谁还敢一亲芳泽？可那种拒人千里的冷和孤傲里，分明读得出天涯落寞的味道。

它只长在野外荒郊无人经过的地方，我想这里面没有害羞的意思，它只是不习惯把自己的美丽给别人看，这世界上，不必有人懂，也从没想到过想惹谁怜，花虽绝美，却从不示人，毕竟，自己懂自己的明媚，这样已经足够好。所有的明媚，不求有人懂。

就像傅红雪的刀，“刀不是用来看的”，刀和毒一样，是用来杀人、复仇的。

傅红雪的刀很丑，没有镶金嵌玉，也没有磨得飞快，黑色的鞘黑色的刃，是一块生了锈的铁片，像他的人一样毫不出众，但那却是独步天下的利刃。而它的主人，是一个为复仇而生，也时刻准备为复仇而死的人形动物，活着的所有意义都只为了能取下马空群的头颅。

他的孤傲、决绝都为了复仇而存在，甚至为了马空群的头，他连爱情都可以不要。他是个不应该有爱，只应该怀恨的人，爱会让他有依恋，有不舍，也就会有留恋，出刀的时候，他怕自己会犹豫。他的手中永远握着他的刀，连吃饭睡觉也不放手，仇恨就是他心中的曼陀罗。

他左脚先迈出一步后，右腿才慢慢地从地上跟着拖过去，他是个跛子，不仅瘸，还有癫痫。那病很折磨人，发病的时候比躺在街边的狗还不如，那一刻，谁会相信这痛苦挣扎的脏小子是天下无双的刀客？

那么卑微，那么无人问津任人忽视，所有生命的意义都固执地存在着也消失着。翠浓，这个傅红雪生命中最重要的女人死去的时候，傅红雪冷静地看着她的身子慢慢变凉，终于说了句话：我再也不会去恨任何人。

爱有多伟大？它可以教会一个人宽容，而活着本身，就是对死亡的战胜。

武侠小说的伟大之处就在于接着地气地很通俗地让你感到血还热，而四季还好。傅红雪就是在每一个街角都可以看得到的匆匆行人，平凡普通，但心里跳动着一团渴望和激情，他们被生活压榨着折磨着，却还要咬牙苦撑，对每一个路过身边的人微笑、问好，然后接着上路。他们努力不对这世界剑拔弩张，努力保持着淡定的笑。

与世界和解，是一件需要终生努力的事。

虽然，这世界并非像书里说的那么美好。

心中有恨的人，同样有爱。就像曼陀罗，别的任何什么都无法化解它的毒，它是它自己的毒，也是它自己的解药。

曼陀罗：又名天使的号角、风匣儿、山茄子。茄科野生草本植物。单叶互生，叶片卵形。花发于叶杈间，喇叭状，球形果实，果实包附棘刺。植株有剧毒，种子毒性最大。有强烈的致幻性和过敏反应，香气醉人，数日方解。

传说曼陀罗是一种被诅咒的花，看到曼陀罗的人不能安然离开。在佛经中，有“沉醉于迷幻的适意”之意。

曼陀罗代表着不可预知的死亡和绝望的爱与复仇，也代表着坚韧的报复之心和不归之路。

36 仙人掌：猪八戒

与其说仙人掌是美的，不如说它是可爱的更恰当，肉肉的，浑圆得很是调皮，相信很多人的办公桌上都墩着一小盆。

人们不喜欢它的刺，却又喜欢空置掌中做一玩物；它不吵闹，甚至永远长不大，开一次花好难，可是当那花真的开了又好美。据说，其品种多到几千种，大型的植株几十米高，重达数百吨，可以活到500年。沙漠里经常有那些饥渴的旅人一刀断了仙人掌的头，然后趴上去吸里面充足的水来解渴，像幼时趴在妈妈乳房上般贪婪。

哦，算了，我们还是去喜欢办公桌上的那种吧，500年的，太霸道。

那是种不动声色的茁壮。绿且绿着，不讨巧，不妩媚生香，安安静静地不会刻意摆出些动人的姿态来博人眼球，你甚至忽视它，不小心碰到它的刺时还会气不打一处来地把它丢到角落里。可是有一天，你不经意地弯下腰，它还是郁郁葱葱地绿着，盎然着，甚至偶尔居然在角落里幽幽然一个人开得花团锦簇。

看到仙人掌花，保证你会张大了嘴。那美，几乎是夺目的，若不是亲眼所见，很难想象如此性格温和憨厚单纯的东西开出花来竟如此让人忍不住点赞：那些花形态各异千变万化，五彩缤纷又清妍如莲，简直不可方物。

长得很难让人胃口大开，又偏生学不会时时开花，开一次要间隔好久，很扭捏的样子；开了也不香，虽然美得让人跺脚。它的健康不仅仅是顽强，还有乐观和安然的心，活得很魏晋。那是株喜欢活给自己看的植物，像得道成仙般活得剔透自然。虽然人们称其为仙人掌，其实是说它的外形很像手掌，我倒是更愿意相信，这貌不惊人的东西，骨子里就带着超然的仙气，它的幸福和满足，从来不因为没人关注而打一丁点折扣。

不愧是连名字都沾着仙气，在它的身上既有人性中善良的吃苦耐劳忍辱负重，又有踏实憨厚的品性和孤芳自赏的高傲，不用美颜迷惑众生，却安然自得，不求闻达，只求一个人的滋润。简直是个活灵活现的好榜样。

喜欢它，就像喜欢猪八戒。

《西游记》里的猴子太嚣张，唐僧太软弱，能给满分的居然只有猪八戒。

那是个接着地气的形象，它好吃懒做，爱占小便宜，好色而无胆，好吃而无量，还不喜欢吃苦奔波。本来好好地做着天庭的兵马大元帅，身手功夫也不算很差，身份地位也不算不高，本该很安逸的小幸福被酒后放肆全给毁了。可是即便这样也没有自怨自艾，丢了行政职务之后不仅占了云栈洞自立门派，还在高老庄讨了一房媳妇；从天上被贬到人间，还错投了猪胎，也能认清自己的位置，活得肥头大耳心宽体胖，甚至是一脸的慈悲为怀。那心态，真不是吹的。

他保护唐僧西天取经是迫不利己，从来没在心里植入什么救苦救难普度众生的伟大理想，所以西行路上一遇险阻就打退堂鼓，吵着要回他的高老庄过他老婆孩子热炕头的悠闲小日子，是一个恋家、随遇而安又能安于现状的典型的凡夫俗子形象，不故作伟大地声称自己是出来闯天下救世人的。带着普通人身上都有的通俗的优点和缺点，鲜活实在得让你忽视不得。

你可以说他是个享乐主义的典型，而他绝对不会跳起来反驳，他永远不是个个人英雄主义的代表，甚至带着满身沧桑的烟火气和市侩气，甚至身体里带着股消极情绪。可那偏偏就是地铁里人行道上的匆匆行者中的一个，偏偏就是菜市场里跟人争得面红耳赤的那个寻常人家的生存状态。

活得不够纯粹，但却干净、安静、自然。

仙人掌：石竹目仙人掌科植物的总称，从属种类从袖珍的小型植株到参天的巨型植物多达近千种。别名仙人扇、霸王树、仙肉。耐干旱、喜强光，生命力顽强；体型丰硕饱满，其肉可含丰富水分和多种维生素，可食用；其刺有毒，花色彩艳丽。

仙人掌代表着外表的坚硬平凡，内心的甜蜜满足。

37 昙花：练霓裳

曾经在一个淡洒月光的夜，一壶老酒二三人，哼着歌爬上天目山。

触目道风仙骨，翠草劲松，主峰仙人顶在夜色里多少有些狰狞。放眼远望，真想借着酒意呼喝三声，便似乎可以群山呼应，品位超升。

古人说，“山有两峰，峰顶各一池，左右相称，名曰天目”，天目山是韦驮菩萨的道场。大都供奉弥勒佛的金像背后都供着韦驮菩萨，护持佛法，护助出家人。友说，关于韦驮菩萨，还有一个异常动人的传说。

从前，有一位花神爱上了每天为她浇水锄草的年轻人，为了让年轻人注意她，她每天都开花，四季不败，年轻人也深深地爱着她。不料此事被玉帝得知，将花神拘回天宫贬为每年只能开一次，一次只开片刻的昙花；还把那年轻人远远地送去灵鹫山出家，赐名韦驮，并施以法术使韦驮忘记从前。也让二人天涯相隔，永世不得相见。

韦驮每年暮春时节都会下山来给佛祖采集朝露煎茶。于是不忘旧情的昙花每年都在韦驮路过自己身边的时候，把积蓄了一年的青春热量绽放开来，她希望那个身边经过的男人会停下来，望一眼她。

可是韦驮早已失去了记忆，再也忆不起那个当年嫣笑如花的姑娘。

后来，一位善良的天宫守门人聿明氏冒着受天谴的责罚把昙花姑娘带回了灵鹫山与韦驮相见，并采集灵药让韦驮恢复了记忆，有情人终成眷属。玉帝知情大怒，罚聿明氏死后不得成仙，聿明氏临死盘膝而坐，笑道："昙花一现为韦驮，这般情缘何有错，天罚地诛我来受，苍天无眼我来开。"

昙花一现，只为韦驮，人们习惯称昙花为韦驮花，据说，昙花姑娘见到韦驮时已是落暮时分，所以后来昙花都是夜间开放。

纤云巧弄，飞星传恨。像不像牛郎织女的故事？只是，那放牛娃换成了一个修成正果的菩萨，织女也化身花神，连故事都变得香津津的美不胜收。

昙花一现，原来是花了一年的力气，只为把最美的自己给爱的那个人。

奇怪，那一刻，想到了练霓裳，那个白发胜雪，衣袂飘飘的女子。

《白发魔女传》，只看名字便有些不寒而栗，或许，这该是一本恐怖小说？名门之后、富家子弟卓一航不巧与练霓裳擦肩而过。有些人，注定在一场轮回里如约而至，或诗剑对酌或羽扇相亲，寒暄几句，又拱手作别。那一场爱，就从那相逢一笑开始，不婉约不离奇，只淡然回首，已是万般风情。

贵家公子卓一航，未来的武当掌门，前程一片繁花似锦。而练霓裳则是个母死父弃，母狼乳大，天生美貌如花却又彪悍毒辣杀人如麻的江湖大盗，加之练霓裳与武当派的恩怨纠结，注定了一场刀光剑影的悲剧。黄龙洞的初会，明月峡的夜话，武当山上的纠纷，大沙漠上的离别，一场恩爱，几分情伤，萍水相逢，情天恨海。卓一航迫于师门重托，一直放不下名门子弟的矜持，武当派横扫定军山，将练霓裳的山寨斩尽杀绝，练霓裳一时火起，夜闯武当，武当众长老久攻不下，一直袖手旁观的卓一航浑浑噩噩，在师叔的敦促下一出手便伤了练霓裳，以他懦弱的退让完成了一次具体的胜利。

练霓裳一瞬间肝肠寸断，她苦苦把守着的一些素净和清真终是没有成为完美的精致。“卓一航，你也这样对我吗？”

母狼养大的女子，她的处世哲学里没有门户偏见没有地位尊卑，但最终她朴素而无辜的爱情还是输给了龌龊的伦理世俗。

那一夜的练霓裳扯断了情丝却白了头发，赢了自尊却输了自我，从此心灰意冷，遁走他乡，把怆然楚痛化作剑底锋芒，把人情冷暖沉淀成宁静。

随后的卓一航渐渐摆脱了焦灼挣扎，这一生看似风光无限辉煌圣洁，却无非是沐猴而冠，他握持了这么久的英雄梦其实空空如也。他放弃了武当掌门之位，放弃了名门子弟的自尊，浪迹江湖只为情字难舍。

多年之后，当他终于在天山之巅见到练霓裳，却也只换来冷笑一声。这世上所有的爱情都经不起世事的斯磨，不是练霓裳的爱情走得太早，是卓一航的追随来得太迟，既然今生无缘，何不留一份或可称之为凄美的相忆更来得实在？

那绝望穿透了一个女人的全部青春，爱情担负不了太多亏欠，就像秋天拢不住一次盛开。

当卓一航听说有一种叫优昙仙花的神草可令白发变黑返老还童之时欣喜若狂。既然不能守住圆满，那么就守在这60年才开一次的神花之前吧，也许60年后身已成灰，但这样的守望已是唯一的恩典。是赎罪？是自虐？此时，是什么已不再重要，重要的是，守住一份未知的等待。

“叹佳人绝代，白头未老，百年一诺，不负心盟。短锄栽花，长诗佐酒，诗剑年年总忆卿。”这一场爱情到了谢幕

的时候了。于是，不妨优雅转身。唏嘘也好，笑泪也罢，从此天高水远，望断关山，只剩些月夜苦思，梦中浅笑。这一次放开堪称绝美，放爱一条生路，就是给自己一份超然，卓一航放开的是功名利禄，练霓裳放开的，是爱情。

舒婷在三峡之上，夜过神女峰时曾有诗：“与其在悬崖上展览千年，不如在爱人的肩上痛哭一晚。”即使是美女如神，也脱不开一场爱情，那神女站成雕石也不过只想拉一拉爱人的手。于是，女人因爱情而精美了，也因爱情而凋零了、绝望了，那些绝望，轻一声，重一声，不露声色地默默告诫：不要伤害你爱的女人，不要让绝望把我们手边的梦，摇到太远的地方。

昙花：附生肉质灌木，分枝多数，叶状侧扁，花单生于枝侧的小巢，漏斗状，于夜间开放，芳香异常。昙花花期短暂，从开至谢仅几小时，又只于夜间开放，故又称“月下美人”。

代表着刹那间的美丽和瞬间的永恒以及遗憾的美。

优昙仙花，《白发魔女传》中记载的名花，一甲子开花一次，每次必放两朵，一白一红，红者若胭脂，白者如美玉，花如海碗，灿如云霞，异香灿灿。可令白发变黑，返老还童。

38 断肠草：唐琬

偶然读到了秋瑾的《秋海棠》：

栽植恩深雨露同，一丛浅淡一丛浓。
平生不借春光力，几度开来斗晚风？

鉴湖女侠一向是不爱红妆爱武装的，字里行间都似乎听得到刀剑响，原本软绵绵妩媚多姿的秋海棠在诗人笔下居然读得出铿锵峥嵘。可是查一下资料，秋海棠的花语居然是“相思”。

如此说来，秋瑾显然算不得秋海棠的知音了，倒是大诗

人元好问的“爱惜芳心莫轻吐，且教桃李闹春风”深得花中真意。

相思多苦啊，那些倚门而立的新妇，柴门犬吠，有人卸下行囊，叩门一声声，喊，娘子开门来……

是的，风雪夜归的人家，窗台上都开着一盆秋海棠。虽然名叫秋海棠，却是冬尽时才开花。梅花斗雪方显傲气，而海棠迎春就更妖艳。谁能不说花也是有精神的。

秋海棠还叫断肠草，又名相思草。

断肠草到底何方神物，从古至今众说纷纭。秋海棠、雷公藤、草乌、狼毒、野葛等剧毒之物似乎都与断肠草沾些边，但究竟是哪一种毒物能让人含泪咽下死而无悔呢？似乎追查不清也不屑于追查，人们更关心它的悲壮和决然，至于它到底身为何物，则显得无足轻重了。

“半叶入口即死；以流水服之，毒尤速，往往投杯已卒矣。”古书对其毒性深感恐怖，《本草纲目》上更是“入人畜腹内，即粘肠上，半日即黑烂”，可谓万万碰不得的物什，更绝的是，“言其入口则钩人喉吻”，故称钩吻。

总觉得秋海棠这名字太妩媚，断肠草又太决绝，倒是“钩吻”一词极是传神，便如绝情谷中的情花，形神兼备妙到毫巅。

吻为唇齿之骨肉，又温软如痛不欲生的爱情。那一枝草被残忍地勾去爱情，却遗落一具不堪苦痛的肉身在世上游荡，更或是神身俱毁，紫气西去，就似唐琬，香飘天外。

可是谁赋予了它相思的寓意呢？这么朝气的花，怎么和相思起了瓜葛？秋海棠又叫相思草，这实在是想不通；更想不通的是，相思虽苦，却也美，美到令人老，令人断肠。

直到在沈园的照壁下见了那些天然生长着的秋海棠，终于懂了花的相思。

若干年前的唐琬，用粉嫩的手细细地除去那一片秋海棠间的杂草。整个白天，她僵硬地做着同一个动作，缓若轻风，身躯微躬如一只安顺的猫。

从春花初放到秋枝黄枯，这动作不知被她重复了多少遍。她蹲在那里，似乎一直都没有改变过，凄草蔓蔓，衰瓦残墙，唐琬把全身心的落寞，深深地融入那片招展的花枝之间，让自己的手，在一片嫣红之间感染些青翠和动感，好让自己僵硬无绪的体须发肤可以清晰地感知：原来生命还在阳光下微微颤抖。

当年送给你的那枝秋海棠还如约绽放吗？那一次交换，陆游用严母的一声令下，换走了一世悲情满怀凄伤，而自己，用一枝秋海棠，换回青山老月，换回胭脂褪去，换回一肩风华、两袖清风。秋海棠枯了绿绿了枯，像扯不断的相思。这相思如飞花绽放，只烟光一闪，便憔悴千年。

陆游一生写过四十多首海棠诗，无一不道尽相思，只是，那相思，无药。绝情谷里，杨过顺手摘下的断肠草却恰巧化解了情花剧毒。自古以毒攻毒无非两个结果，要么药到病除豁然而愈，要么无可救药干脆死去，这两种结果都比钝刀割肉的折磨来得痛快。而面对爱情，这两个法子显然都无能为力。

那一处沈园丛中的香花或许还在，人虽渺然退去，情却亘古独存，甚至在唐琬去世40年后，老朽如残竹的诗人还是“凡逢沈园开放之日，必入园中凭吊”，割不开舍不得放不下。那草的神奇之处也正在于让沉痴于情中的人可以仰首饮下、慷慨作别。也许真的此事不关风与月吧？唐琬的一掬清泪，勾画了整个情史，两个剔透轻绝的文字能存于世上，多年来让人唇齿留香，也完全是借助了爱情的力量。然而若是能相爱相守，她或许更希望做回一个默默无闻的青衣女子，来一次，活一回，爱一场，走一遭，然后，腾身而去，不占历史一丝宝贵文字地漠然留念。

“城上斜阳画角哀，沈园非复旧池台。伤心桥下春波绿，曾是惊鸿照影来。”物是人非的沈园，是否也希望能亲眼所见有情人终成眷属之后经岁月风尘悄然化为灰土，而不是目睹一场爱情擦肩而过，让一怀彻底的遗憾让自己的名字在历史的角落里，悄然落泪呢？

断肠草为何物？到底是秋海棠、雷公藤、草乌？情又为何物？似乎没有谁说得清，反正就这么苦着，相思着，生死相许着。

断肠草：秋海棠的别名，海棠科多年生草本植物。又名钩吻。茎直立，有分枝，高50厘米左右，叶互生，叶形两侧不对称，其块状根茎及果实可入药。

秋海棠是花中的“相思之神”，相思、苦恋的见证。

39 铁刀木：令狐冲

车子刚进云南就见到它了。

山路让四轮驱动的SUV也气喘吁吁，可是那些树着实喜人。碎而细密的叶子绿油油的似乎刚遇了什么喜事，偶尔几株在梢头抽了穗，结了雅黄的花，不大，也不甚香，弱不禁风得像贫寒人家清瘦的女儿，吹弹可破的感觉却风雅得让人想起了唐诗里的好句子。

友人说，这些树也就三五年的树龄，这实在让人吃惊。合抱的腰围，十余米的参天树冠，若是松柏之流怕是熬上三五十年也不止，而它只需要三五年，估计必是太贪长了，外强中干得骨质疏松了吧？友人大笑，说这树不但不像你说的那么脆弱，甚至比松柏还要结实，寻常刀斧简直不损分毫，因其利斧难进，云南人称其为铁刀木。

自诊自愈的本事强得让人叹息啊。这名字，似乎敲一敲都铮铮响。这是傣族的神树，那坚韧，让空气里都充满了善良的美好。

铁刀木喜光，别的花花草草被烈日晒得头昏脑涨垂头丧气的时候，它却愈发精神抖擞，叶也更油，花也更艳；风可以再大些，那些花虽然单薄却很固执。友人说那花，要开一个月，等果实成熟了和花一起落下才算圆满。北方人是喜欢用松树做家具的，因喜其木质细密纹理千变万化，又有松油的清香；广东人就喜欢黄花梨，名贵高雅又端庄；而到了云南，或者再向南去印度，家里的椅子桌子就都是铁刀木了，相比之下，铁刀木虽然没有黄花梨有贵族气，却比松树材质更好，其黑黑的颜色极是稳重老成，不浮躁，望一眼就心神宁静，视觉效果也更上层楼。这里的人们喜欢称其为黑檀。

我则爱上了它狂野顽强的个性。房前屋后，有光照就能落地生根，不受虫蚀又长得迅速，树算不得婀娜，却足够抢人的眼。不怕风吹也不怕烈日，坚强之中透着随性的安然。

不像松树，动不动把“清高”一词摆上桌面来吓唬人，也不像杨柳那样随时都可能在水边婀娜妩媚。铁刀木朴实而郑重，很隐士的清高，又带着最贴切的随意和大度，似父辈一样的暖。玩世不恭又笑傲江湖。

就像我喜欢令狐冲的嘻笑和随意。

那个华山派的大弟子，那个恒山掌门。灭门之痛，面壁之苦，全一笑了之，就如命不久长之时的坦然，成就了度外生死，和昭然风华。

按说，他应该死过好多次，桃谷六仙、不戒和尚、江湖险恶、世事卷舒，只要命关生死，便苦不堪言，唯独令狐公子，超然世外，我行我素，永远的本真，永远的淡然，永远的富贵在天，关我啥事。

冤枉、误解，全不在心上；大悲、大喜，又何在心头。一曲《笑傲江湖》已是风骚绝代，小师妹的不解，师父的怪罪，在心上，又不在心上，在与不在，都“就这样罢”。

于是，就这样。

他不想千秋万载、一统江湖，他只想一曲悠扬、任我来去。最大的委屈他看得开，最大的心碎他放得下。需有酒，需有爱，需有情意心知，便可以大抛弃，大割舍，大开怀，大凛然。凡事不屑、不齿，与我何干？于是，放得开，放得下。他不在乎落花有意，却在乎流水无情，溶溶月色，淡淡心情，便是枯藤老月，春暖花开。

那率真视礼法为无物，那坦诚让尊道也黯然，但求我心无愧，何妨伤伴我心，大投入，大放弃，大嚣张，大坦然，凡事只需一醉，只需一曲，只需一笑，也，只需一哭。

不做救世主，只做有心人。心痛时无人可医，神伤时有人抚琴，今生一曲，不负前盟，敢爱敢恨，有谁可以问心无愧？

一个恒山掌门，一个名家子弟，说英雄，谁是英雄？情之一字，又岂是刀剑可伤？那归隐，并非大彻大悟，却真的大悲大喜，神之一字，存乎一心，人之一物，在于一世。生就臭皮囊，死却真志士，一场自我，一份人生，一段哭笑，一次割舍，于是也就一曲恩怨，一段情仇，一声悲啸，一捧辛酸。曲折是人生，太曲折了就是故事，十分曲折，就是小说，百分曲折，就是折磨。人终归是要在折磨里笑傲江湖的，没有折磨，人生也黯然失色；没有折磨，世界也尤喜若悲。

“自此而后，咱二人也不分开了。若得永远如此，便是叫我做神仙，也没这般快活”，如此朴素，如此决绝，简单到可以慷慨赴死，却只为这复杂爱情。有时候真想跟他对饮一杯，因为“如此胸襟的大丈夫，才配喝这天下名酒”。

随便说来便来，随便说去便去，无所拘、无所束，即便好酒，也是快意人生，他敢爱，却不敢恨；敢放弃，却不敢抛弃，“鲶鱼的自在游荡也是有限度的，因为它贪吃，有了贪念，自由自在就结束了。”而他却不知，那缠鱼的网空隙极大，只要挣扎，便可以破网而出。

华山之巅，纵横来去，一曲笑傲江湖，全是雾一般的泪，和孤苦伶仃。

令狐冲是绝顶人物，其高绝之处在于，可以嬉笑怒骂之间放开手，淡然笑，悄然走，黯然泪。他从不解释，却有人共鸣；从不申辩，却有手搀扶；从不落泪，却有心抚慰；从不庆幸，却有人跟随。他的幸运在于，从某个凌风的微笑里，成就英雄本色。

铁刀木：豆科决明属常绿乔木，别名泰国黑檀、孟买蔷薇木。材质坚硬刀斧难入，故名。

株高10米，树皮灰色，木质暗褐色至紫褐色，纹理华美，材质坚实耐腐、耐湿热不变形，为中国南方制作家具和乐器的理想材料。10月开花，11月结果，翌年1月花果同落。

代表着坚忍的性格和不屈的乐观。

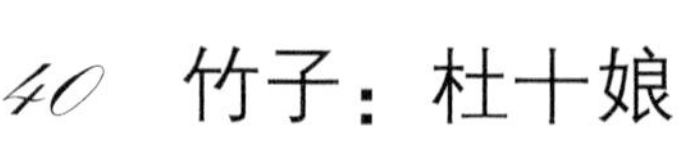

40 竹子：杜十娘

竹子为什么不开花？

忘了是谁问过，答案很悲壮：竹子不是不开花，而是要在生长几十年后才开花结籽，也清高到不必用花色争宠。一旦开了花，美丽过，就必死无疑。像决然的女人，爱过，心枯了，容颜老去，华年逝去，便动了厌世的心。

张爱玲当年问及胡兰成“你我结婚时，婚帖上写‘一世安稳’，可你为何，为何不肯给我安稳”时，胡回答：“世景荒芜，哪里还能找得到安稳？”于是张爱玲说：“我将自行枯萎了……”

于是，张爱玲萎谢了。一旦凋零，所有一切便统统雨打

风吹，像一片毅然决然的竹子，默默生长了好久好久，有一日，突然缤纷绽放……

繁华过眼，便成了凄绝的陪衬，竹子的一生，都停在花苞绽裂的那一刻，给自己找一个理由：慷慨赴死。

文字里提到竹子，多是以虚心作为主题，行励志的目的，很少有人关注过它在某一个时刻，因为心碎，用开花作为结束的仪式："竹六十年一易根，而根必生花，生花必结实，结实必枯死。"

竹子不给自己留任何回旋犹豫的机会，下了决心就一往直前的性格让很多人汗颜。它也是懂得珍惜的，只是大限将来，那就收拾好了，上路。那是些植物界的绝望人。

温软柔情常常伴着决绝的凛然。女人生来婉约，但若是一朝心狠，便铁石心肠，拿定了主意就不会再给自己和他人留任何余地，那坚韧的毅然，常令很多刚阳的男人不知所措，自叹弗如。

杜十娘给了李甲纹银300两，终于给了李甲做男人的尊严：娶一个自己爱的女人回家。

无奈杜十娘还是失望。盐商孙富看上了杜十娘，一通劝说，李甲便把那个刚强的女人转手他人了。

杜十娘得知消息，不愠不怒："郎得千金，可觐父母，妾得从人，无累郎君，可谓面面俱到，实在是个好主意。"

次日晨起，杜十娘花枝招展楚楚动人地站在船头，将随身的妆盒打开，一件件将多年积蓄的珍宝丢到江里。那串串扔进江中的不是珍珠，是泪，和晶莹的心。

身无分文的李甲能替她赎身，其实是杜十娘自己出资。她早有了赎身的金银，只是在等待一个值得她一生跟随的男人，李甲无疑让她感觉可以托付终身。风月出身的杜十娘阅人无数，这一次，却实在是貌似忠诚的李甲给了她最致命的一刀：她之所以隐瞒了自己的身家财富，只不过是最后一次试探李甲的忠诚和良知，这一次，她赌上了自己一生的幸福。她苦心经营的爱情，在孙富那区区一千两银子面前，很现实地举了白旗。她以为自己这一次什么都拥有了，金钱、自由、幸福、爱情；却也正是这一次，她输得很惨，惨到无心抗争，无心恋战，无心解释或表白，也无心继续活下去，她保持风度的愿赌服输，输得理直气壮也输得让人汗颜，一瞬间绽放开来的生命，在一夜之间消失了趋于完美的任何可能和理由，疲沓得琐碎，甚至，一文不值。

她本可以打开箱子，问一句："这一箱珠宝，比起孙富那一千两银子，哪一个更多？"相信李甲会做出正确判断，但是她没有。她沉掉了百宝箱，也沉掉了自己的爱情，然后，玉石俱焚，她把自己也沉了下去。

这世上，已没有什么值得她留恋的了，这个女人，死于绝望。

张爱玲的故事不悲壮，杜十娘的故事也不热烈，甚至，

有些寂寞和荒凉，或者说落了俗套地凄美，一些摧残很具体地把任何刚硬的意识击毁于无形，随之而来的绝望便只能图个真切和彻底了。女人，真狠，无论对别人还是对自己。女人的狠，狠得毅然决然。

张爱玲的放手大愚又大智；杜十娘的投江大拙又大巧，她们握着破碎的泪，成为中国人赖以“文字生香”的仅有的几个残缺的爱情故事，也或许，只有悲剧才如此让人惦念不忘吧。人们喜欢破碎和不完美，如果杜十娘没有投江，便不足以流芳百世了；张爱玲不孤独地隐身于异国他乡，也就不是张爱玲了。

竹子：被子科禾草类植物，高大、生长迅速，虽有树形，而无树质，植物界归为草本纲。笋可食用，披针型叶可入药。

竹为“岁寒三友”之一，与梅兰菊共称“花中四君子”。茎木质而中空，寓意虚心、宁折不弯。

竹一生只开花结籽一次。开花即死，寓誓不回头的果敢坚决和悲壮。

41 依米花：梅超风

友人从非洲回来，不止一次说到依米花。

那里的沙漠戈壁间生长着一种弱不禁风的小草。似乎是坚持有余而热情不够，这草长势极缓，更多是随风沙迁徙，要历时5年才能扎稳根须，第6年才能含苞吐蕊。花不大，小小的，像撕碎的纸片，恬淡随意又简简单单的4片花瓣却有着各不相同的4种颜色。更奇特的是，这花只开两天，然后就连同根须一道枯死。

恍惚觉得，那花是来这世上安心修行一场的。

熬了那么久才稳住自己，长了5年的根要牵扯出多长才灯花挑尽，蒲团碎尽，韶华耗尽，折磨受尽，只求来过一次，遇到了谁，已经不必问了。可是，它又在这一番轮回里

想留下些什么？只为了寻得到养分和水？风沙无情，霜雪无情，一束草，这么坚持想干什么？挣扎了太久，咬牙苦撑了太久，只为了像花一样努力开一次香一次，然后无憾地赴死？这也未免太悲壮了。

像不像凡俗世界里那些默默苦熬，刹那芳华的玲珑女子？其中更有一些女子背负着骂名道义，只有最后一死，才求得圆满解脱。

月黑风高的夜，总是和血腥凶杀一道出现。九阴白骨爪、摧心掌，一袭黑袍，如魅长发，四丈银鞭，来去飘忽，嗜血、残忍、疯狂，诡秘，甚至，有浓浓的妖异。

梅超风一出场便骇人魂魄。

那个绝顶魔头，杀人无算，诡异中带着莫名其妙的美丽。

那个自幼孤苦的女人，被东邪收入门下，本应感恩涕零，却欺师盗籍反出桃花岛，害得师兄弟拖着残腿流落江湖。为练神功滥杀无辜，一个惨无人道的冷血杀手，一个反面的配角，一个被唤做“铁尸”的戾气女子，在赵王府里，黄蓉只轻轻一句“梅若华，快放手！”便蜷伏得像只猫。一个欺师灭祖离经叛道的凶残人物，便在一声“小师妹”后泪如雨下。

归云庄上，裘千丈诈称黄药师已死，生不如死躲黄药师如瘟疫的梅超风，居然不是心中暗喜而是落泪如雨，且扬言要替师父报仇。只为了相爱一场，便与陈玄风盗书下山远避他乡，也只为了那个养她爱她的师父。她力战欧阳克，一人死斗全真七子，最后挨欧阳锋铁掌而死，却又是如此的重情重义至善至美。

丈夫死后，这个双目失明孤苦悲凄的女人何苦还要咬牙硬挺下去呢？声名狼藉的她爱情不在，亲情不在，容颜不在，再没什么可以托付，空空如也秋叶凋零了还要等待什么？金庸塑造了这样一个角色，也许根本就是不让众人原谅的，其实她自己又何尝原谅过自己呢？走出桃花岛的那一刻，在她心中也就应该有一副重重的枷锁，故而多次舍身救黄蓉于危难之中，寂寞，凄美，绝艳，“恩师怜我孤苦，教我养我，我却狼子野心，背叛师门……只待夫仇一报，我会自寻了断”，这便是她纵横江湖的最后底线吗？

当年，梅超风在雨中抚着亡夫的尸身放声号哭，声裂四谷穿云断雾，这个生命中最重要的男人撒手西去，那朵艳放的花也便香消玉殒黯然失色。归云庄上，她替黄药师挨了欧阳锋一掌，心胆俱碎的一瞬间，又想到了谁呢？是否终于有一些什么可以轻轻放下了？

黄药师答应她重入师门，于是，她的死便丰满得让人落泪。弹指峰、清音洞、绿竹林、试剑亭，桃花影落飞神剑，碧海潮生按玉箫，一切回忆都加快了脚步，梅超风，这个痴

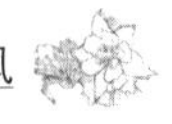

情的瞎女人，解脱得快乐而满足。

语焉不详的《射雕英雄传》里甚至连她的身世都没有交代清楚，完全是一个次要的二流坏蛋的可憎面目。细细读过这个女人一生之中的几次落泪，一个丰硕着情爱本性的弱女子便鲜活地淡然开放了，于是我奇怪这个杀人如麻的疯癫女人居然又是以人格取胜的。她敢爱敢恨敢付出敢反抗，挣脱于理教之外却又活在性情之中，她向往短锄栽花长诗佐酒，在爱情之上大放纵大割舍，又在亲情之上大痛苦大落寞，她常含微笑，却默默不语。

那是个嚣张如女鬼般的恶妇，却又如此张扬个性，在生命的大开大合之间，成就了自己的风华绝代。

后来有次酒后追问朋友，是否真的见过那种叫依米花的东西。友摇头："导游说，一花四色，会使传粉的虫子们无法分辨，不利于授粉；而且花开两天就落，根本不够时间结果、延续后代。这种花存世极其稀少，更多的只是传说中的故事。"

朋友又倒了杯酒，"就像你说的梅超风一样，故事里才有的传奇"。

依米花：沙漠中特有的被子植物，只有一条主根。5年扎根，6年吐蕊，2天花期。雌花金黄色花蕊，雄花花蕊为血红色。

据说，古埃及人祭祀太阳神阿波罗时，主祭者须将雄花与雌花的花蕊置于祭台上，并将法老的权杖敲击3次，以示敬重。

代表着瞬间遗失的爱，历尽劫难的悔过之心。

42 郁金香：嵇康

“郁金香产于天山，1554年从土耳其引入欧洲，立即风行世界。”原产地是中国，这发现令我吃惊不小。

想想就冷艳动人。天上雪，郁金香，圣洁之地的神秘之花，不香，只是冷冷浅笑，除了雪莲，谁敢在天山上开花?

天生的英雄气，豪迈又健康，那是花中剑客。

它是习惯把美细心藏好的。夏季，正是花团锦簇百香争艳的时候，它却埋在土里睡着，秋风一起，百花凋零了，它才开始拱出新芽，又经过一整个冬天才破土而出，这一出，便石破天惊地绝艳，雪还未化，风还刀子般在脸上割，郁金香成了坎坎击鼓的行者，给纯白雪色中的天山涂些春意。据说，除了迎春花、狗尾巴草，它算得上是最早开花的植物了。只是，娇嫩得弹指可破的迎春花，凡俗得漫野疯长的狗尾巴草，敢在天山这高绝之地凌霜独放吗？

谁胆敢和郁金香打这场独霸天下的官司？跳出三界外，不在五行中，不与俗世争长短，也不和自己较劲，躲起来开个热热闹闹，那种从容的朴素真是让人羡慕。

郁金香是花中隐者，比菊还要隐得深，还要更桃花源。陶渊明也不过开几块地，种几篱菊，悠然南山望，郁金香甚至连南山上都不屑于看一看，它不在任何人的后花园里让人对酒弈棋，做闲情雅致的伴客。它不需要林黛玉的锄头，不需要陶渊明的酒、李白的诗，它不必胆怯，不必庸俗，甚至不必委曲求全地附和任何人，它是主人，天山绝顶才是它能入眼的天下。

世间的花都是有寂寞感的，只有它不寂寞，金戈铁马地带着英雄气。从没想过要牡丹一样拥红抱翠地充名贵，也不和杜鹃芍药抢风景，它的健康和自信甚至不需要掌声和喝彩做陪衬；它不遵循任何教条和礼数，也不讲排场，虽然名声显赫却从不声张，那自得和随意且不甘下流的风雅和饱满，像满碗的水，手一动就漾出来。

躲起来也让人高看一眼，这才是世外高人。比如采菊的陶渊明，打铁的嵇康。

嵇康在洛阳郊外打铁的时候，天下名士都来拜访，当伙

伴说当今皇帝就在道旁等着要和你说话的时候，他也还是头也不回地专注："等着吧，这块铁烧得正红。"即便如此，皇帝真的就乖乖地站在一边等。那是独一无二的铁匠。

打铁之前，他只用十几天便把一个东平县治理得政通人和，于是后人们都说，他不仅是散仙一样的诗人和乐者，更是一个散仙一样的官场人物，而且手段高超得随便玩了一票，就把那些牛气哄哄的当朝一品们都比了下去。

在当官之前，他做过3件天下皆知的大事。一是邻居家的长辈死了，他披麻戴孝地过去把自己哭晕，而自己的父母去世时却忙着下棋，不肯掉一滴泪，给以孝治天下的理教一记耳光；二是一曲《广陵散》成为千古第一乐；三是和自己过命的好朋友绝交，绝交的理由是，朋友想推荐他去做官。

简直不可理喻。可是，这也正是他的可爱之处。高贵得甚至连解释的欲望都没有，别人爱怎么看就怎么看，爱怎么说就怎么说，我的快乐你永远不懂。

像躲在天山之上的郁金香，兀自一个人名贵着，不屑争，也不屑理会，不禁锢于教条，也不低俗，高雅是可以用玩的心态来凸现的，玩，其实可以玩得很正统很纯粹。

谁敢说嵇康不是魏晋风骨里最坚硬的一块？他的离群索居明艳得让人嫉妒。比如钟会，官居高位，就很嫉妒嵇康的散仙气，学又学不来，于是一记黑拳，把嵇康处死。

刑场上跪了三千太学生。他们一致要求朝廷释放这位独一无二的大才子。只是这些静坐的学生其实适得其反，这无疑是三千人在政治示威，即便是本意不想杀，如此一来也必死无疑了。

嵇康笑，笑得很豁达。他弯下腰仔细研究了一下刽子手那刀的弧线，甚至还伸出手去试了试刀锋。然后他说，“拿我的琴来，最后再弹一曲《广陵散》吧，过去好多学生都要学，被我拒绝了，《广陵散》从此绝矣。”

那是262年夏天，郁金香正埋在土里睡着。

郁金香：多年生草本植物，枝棕褐色，绿茎竹状叶，外被淡黄色纤维状皮膜。花茎高6厘米～10厘米，高高挑起，状极高傲，一茎一花，花大而直立，若杯状，花朵有毒。

性喜向阳、避风，色彩艳丽，变化多端，花品高雅不流凡俗，有出尘之美。全世界已拥有8000多个品种。

代表着爱情、名誉、美丽、祝福、永恒、神秘、高贵。大仲马有世界名著《黑郁金香》。

43 桃花：唐伯虎

桃树，永远是道家的钟爱之物。桃谓之“逃”，隐遁出世的道家思想的核心，就在这个字上。

那飘逸洒脱，把所有的花容都比得失色。

桃算不得艳，那遒劲的枝杈，龟老的皮，不修边幅的仪态，简直有些放肆随意；花也不大不香，粉红粉白的倒是很有些妖气，修炼千年得了道成了仙，放浪形骸地妖。

桃和道家的根本是共通的，讲究的就是个散字。成了仙，也是散仙；何况是妖，无拘无束才是硬道理。

于是，几乎没有人有闲情逸致去修剪桃树，随它长；开不开花也无人问津，随它去。它也乐得自在，想左一枝就左一枝，想右一枝就右一枝，疏影横斜得极放任。待三四月里有些暖意了，也满心散漫地随便开上一树碎花，一夜雨，说落就落了；落了也不伤心，依旧我行我素着与风和雨缠绵着。

桃树下可以放一张琴一壶酒，世界似乎就圆满了。

桃花坞里桃花庵，桃花庵下桃花仙。
桃花仙人种桃树，又摘桃花换酒钱。
酒醒只在花前坐，酒醉还来花下眠。
半醉半醒日复日，花落花开年复年。
但愿老死花酒间，不愿鞠躬车马前。
车尘马足显者趣，酒盏花枝隐士缘。
若将显者比隐士，一在平地一在天。
若将花酒比车马，彼何碌碌我何闲。
世人笑我太疯癫，我笑他人看不穿。
不见五陵豪杰墓，无花无酒锄作田。

才子唐伯虎不愧是个爱桃的仙人，虽在尘间，却独得桃花真意，知晓桃的全部心意。

二十余岁便成了孤家寡人，又受科场舞弊案拖累，终生不得做官。曾放言科举考试稳拿第一的唐伯虎于是绝意功名，终生卖画为生。他在家门口广植桃树，待桃花开时便置酒琴书画于树下，放歌狂饮，醉后挥毫，天地之大，不过一片桃林几杯酒。

> 我也不登天子船，我也不上长安眠。
> 姑苏城外一茅屋，万树桃花月满天。

那个当年呼号狂傲想擎国之栋梁，“朝为田舍郎，暮登天子堂”的雄心早被一片桃花染得醉眼蒙眬了。花间快活的逍遥又岂是顶戴花翎能比？与其谨慎小心地拼一个功名，不如花前月下对影三人，闲情逸趣里才是大快乐大解脱。看破官场仕途的险恶丑陋后还是选择了避世终老，虽然消极，却至少是轻闲自在。“彼何碌碌我何闲”，透着无奈，也透着洒脱。怀才不遇就不遇吧，我遇到了桃花。临终与万树桃花为邻，至死不失风雅。

若是回首看他，果然活得散仙一样，虽然郁郁不得志，却独能享乐于天地之间，也是一大幸事。临死仍不忘自嘲，作诗云：

> 生在阳间有散场，死归地府又何妨。
> 阳间地府俱相似，只当飘流在异乡。

死又如何，就当一场说走就走的旅行。待到桃花烂漫时，只是少了我一个人、一杯酒，而已。

桃花：落叶乔木。株高6米～10米，树干灰褐，质地粗糙，有细密通气小孔。花单生，色白中透粉，娇嫩可人。桃树姿态优雅娇美，枝干横斜遒劲，密疏有致，花不禁风雨，遇风则落；花朵丰腴，色彩淡雅清致。树龄可维持20～40年。

代表着浪漫的爱情和放荡不羁的自由。

44 天堂鸟：潘金莲

连续两天的雨，让这个秋天既慵懒又疲惫，湿得让人坐立不安。从窗口望下去，一棵树很失败地歪在绿地里。被放倒了，依旧张牙舞爪地挺着枝杈，倒是那些贴着地四散开来的或黄或白的小花，顺着细韧的藤藤蔓蔓固执地在雨里艳着，美得让人心疼。

每一颗雨碎裂在地上，都敲疼了谁的心吧？这个夏天，就因此香得彻底，润得彻底，也妩媚柔软得彻底。因了这雨，让在外的人有了匆匆归家的念想，而那些喜着眉眼守着家的女人，安安静静地把柴劈好。三间瓦房一圃花，即便是再寻常的日子，也可以就这么简单的，柔媚千回地招摇着缤纷着。

雨很容易让人找到发呆的借口，可以什么都不做，什么都不想，就这么在窗边蜷倚着，看那水色四下里忙，跌跌撞撞，触地成花。

偷得浮生半日闲，大约如此。

我把窗台上的花盆向雨里挪，妈从后面扒我，“这细嫩的花啊，怎么受得住这瓢泼大雨的，天堂鸟又不会飞。”

天堂鸟不会飞。可我知道，每一束花，都有一颗想飞的心。即便是把它栽在盆里，插在瓶里，碎在风里，那心，还是一跳一跳地想飞。

那是只谪栖的鸟，在人间受着美丽的重罚。

我知道它是喜雨的，它沉默着忧郁着，千言万语其实不说也罢，它缺个与它对话的一枝绿、一片红或者随便什么，缺一个替它打伞挡风的人。像断桥上细雨里许仙手上的那一柄。只需四目相对，电光石火之上，你是绣女，我是诗客；你是青灯，我是经卷。只是，你是不是我的因，我是不是你的果？

有些绿，一辈子沾着烟火气，有些花，开在人间。天堂鸟简直自恋得过分，那些美不屑于让谁来读，索性就固执地守着这过分，从春到夏，从荣到枯，固执得坦荡荡又脆生生。我几乎要感动了。

此花只应天上有啊，何苦来尘世间受这份罪，白白顶着

一个似乎扇一扇翅膀就可以高高飞去的名字。它们在尘间受着罪，顶着骂名，到头来，连一个申辩的机会都没有。

很奇怪，望着那如花似玉的天堂鸟，居然想到了潘金莲。

潘金莲的贞洁似乎都被西门庆的勾引一笔抹杀了。想想看，潘金莲原是清河县的富家使女，精明懂事识大体，敢爱敢恨守玉身。如果水性杨花，当初那个富人一个眼神她便会享尽荣华，但她不仅没有与主人勾搭成奸，反而告诉了女主人，希望女主人能主持正义，却不知，女主人也是要听男主人的，胳膊拧不过大腿。

于是，金莲不幸，倒赔妆奁，一分彩礼没要，被送给了武大为妻。天上掉下个潘妹妹，武大焉有不要之理？但武大“面目生得狰狞，头脑可笑，三分像人，七分像鬼，外号三寸丁谷树皮”，性格上也是“三问不回头”的慢捻汉子。潘金莲年芳双十，又在大户人家见过世面，对一个“身材短矮、生形猥亵不会风流”的不满五尺的侏儒自然提不起兴趣。这样的家庭，算不上和谐般配吧？哪个少女不怀春？但一个合法的婚姻将一朵鲜花生生绑在了牛粪上，又怎能耐得住春心萌动？但她也还是忠守妇道，被一些浪荡子弟骚扰多次也没有失足，反倒是“嫁得你哥哥，常被人欺负，清河县里住不得，搬来这里”，还算够意思，没夹包私奔，但终日面对一个丑陋倒胃的烤烧饼的男人，从郎才女貌到共同语言全部没有，自然其果可以想象。

武松的出现，让她真正动过出轨的心思，一个标杆溜直的打虎英雄，在阳谷县里也算是小有名气，可以算大众情人了吧？武松当时拒绝也就罢了，人家潘金莲也只是简单暗示一下，没做啥过分的事，但武松给大哥出了个损招就有点说不过去了。武二郎出门办事之前告诉哥哥没事早关门，少卖烧饼多在家，等于是把潘金莲软禁起来，可以想见她是个什么心态。

于是，接下来水到渠成。不幸那杆顶窗户的竹子就偏偏砸在了西门大官人的头上。

西门庆二十有八，懂得体贴女人，身材相貌家世都是打虎英雄比不了的，那时候没有傍大款之说，但我想这不算傍吧？潘女士被一个三寸丁囚禁，过着从思想到现实都算得上非人的生活，遇到了仪表堂堂的西门庆，温存体贴并一味奉承关爱，难免会将二人比较。

如果说她爱西门庆的钱，这个也有点说不过去，想必初见西门庆，钱倒在其次了，潘金莲输在了西门庆的温言善解之上，而这些，恰恰是武大武二不能给她的，加上她出了富人家的门就嫁入武大家，对世态炎凉认识不深，所以，她喜欢西门庆的动机或许是纯朴的，而西门庆一生花俏，专会哄女人开心，加上王婆处心积虑，就算是现代女子，有了那样的前半生的爱情和婚姻经历，也会落入他们的套吧？如果她

爱财，当初做使女时便有机会，何必苦到现在？从一个女人的角度来说，她宁肯与西门大官人保持这种见不得人的关系，也比守活寡要强上一百倍，真心地爱一次，怕是每个女人最真的梦吧？

于是，在王婆的精心设计下，才上演了一出杀夫惨剧。

只要是合法夫妻，女人就应该守妇道，不管是不是真感情，是不是门当户对，妻子的义务就是相夫教子，所谓嫁鸡随鸡，安分守命的“夫纲”，是儒家文化中最大的污点之一。贞节牌坊害惨了中国女人，背离了封建礼教的约束的女人，都是被人所不齿的，甚至，现在读《水浒》，也是对潘金莲嗤之以鼻，斥责她的淫荡。但这个敢于反抗的女人，偏偏生性中有一种反抗意识。

错就错在，她不该爱上那个风流成性的西门庆，最后一怒之下杀了武大。但武大，难道真的没错？他浪费了一个女人一生中最美好的时光，不自量力地以封建道德残害女性，难道这不是罪过？可当时的法律又何尝能保护得了潘金莲呢？从某一个角度来说，她不过是对封建礼法的鄙视和反抗太过激罢了，实在让人叹息。

多少年了，多少文人墨客翻四大名著，看《金瓶梅》，一到书前羞姓潘啊。只是，潘金莲若泉下有知，会不会泪如雨，心如花？

我一个人带着罪去天堂，而那罪，是莫须有，只为了把所有的幸福和美满都留给你。谁说天堂鸟不是从唐诗里走出来的、不是从戴望舒的雨巷里走出来的？一路香着，一路跟这些雨坚强地对视着，直到那些低过屋檐的阳光，从雨的背后一点点滑落下来。

花在窗台上迎着雨，大大的花碗贪婪地向外伸展着。雨把落尘洗掉，只剩清新；把怨恨剔掉，只剩宽容；把奢望滤掉，只剩淡定；把枯萎除掉，只剩青春。

伞下，适合缓步。

我掖了把伞出去。

天堂鸟：绿宿根草本植物，别名鹤望兰、极乐鸟花。根部多肉，与花茎无明显区分，粗壮结实挺拔，叶扇形对生，高可达2米，茎端含苞开花若鸟喙，颜色艳丽奇特，花姿坚挺强壮。

天堂鸟花含有美好的自由、申诉所有的委屈、成全友谊和美好的愿望。

45 石竹：小翠

春归幽谷始成丛，地面芬敷浅浅红。
车马不临谁见赏，可怜亦解度春风。

读诗，该知道王安石真是石竹的知己。

石竹不名贵、不乖巧，甚至不讨人喜，长得古朴娇弱毫不哗众取宠。它们高仅尺许，贴地而生，从不抢占高宅福府的花房，也不在万花丛中和牡丹芙蓉争艳，只默默地在墙角在房头独自开好了谢、谢罢了开，只要开了，便五彩缤纷花团锦簇，形制色泽都变化万端。它低调又张扬，文弱却强劲，春天刚到，柳还没来得及绿，它就已经香得悠长艳得清远，仲秋之前，全是它的天下。

它从不自作多情地感恩皇天后土，也不自怨自艾地喊苍天不公，给我一捧土，我就还你一片香艳，从不要求上天给自己在群芳谱上留一席之地。那是花中小妖，从不想成仙成佛，却自带霸道的尊贵；不需要谁来点赞，自己早活成了花中仙子。

小翠本是一只妖，也是妖中的花仙子，花中的淡雅石竹。

王太常曾经救过一只狐狸，这只狐狸的幼崽小翠为了替母报恩，化为少女嫁与王太常的傻儿子元丰。她想尽一切办法要治好元丰的病，但都无效。实在无奈，只好用棉被捂死了他。而当婆婆发现时，正要斥责小翠，却发现自己的傻儿子元丰悠悠醒来，痴呆病居然无药而愈。

谁知，治好了丈夫的病，如此大恩，却只因她不小心失手打碎了一只玉瓶就遭到公婆的谩骂。小翠一气之下离家出走。元丰却时时不忘小翠的恩情，茶饭不进相思成病。小翠实在不忍，又现身王家的后院。元丰从院前经过，听到院子里有女子嬉笑的声音，疑是妻子小翠，站在马鞍上向院内张望，果然见小翠与丫鬟在院中玩耍。元丰喜出望外，将妻子接回了家。

蒲松龄实在是个煽情的好手，总是在低沉中凭空一转就又是一段传奇故事。本以为这该收笔成为一个理想的花好月圆的结局了，哪知经此一事，原本不谙世事的小翠变得稳重成熟了，再不是当初那个心无城府无忧无虑的小女孩了。她少言寡语，因为自己身为人形却是妖身，不能生育，于是她劝元丰另择新妇，元丰不肯，她居然替夫订亲，又变成未来媳妇的模样与丈夫相处，待丈夫开始接纳她的时候，就把真正的媳妇接到家里，自己则悄然隐去，再不相见。

说她是妖中仙子，花中石竹，果然般配。那低调、那内敛、那只愿成全他人全不顾及自己的大度，足够让花失色。做妖难啊，换一身青丝小褂简单，可毕竟衣襟下裹着一只妖身，哪能像灰姑娘一样穿上水晶鞋就成了公主，就有王子的金马车来接？那是童话里才有的故事，凡俗的日子却是要一天天捱。就像这不起眼的石竹，在平凡里过自己的坦荡日子，问天无愧，问心也无愧，把最好的颜色留给日子，把最美好的结局留给自己在意的人。小翠虽然只是一只狐妖，却报恩报得彻底。

感恩，首先是感动。人妖共守的道德标准，其实是妖渴望向人靠拢的情感需要。无论是爱情还是亲情，妖应该是冷血动物吧？可那些冷血的生命，还是渴望着身边有淡淡春风的香，和世俗的暖意。

石竹：多年生草本，高厘米30厘米~50厘米，疏丛生，叶片线状披针形，形色如苔，纤细而青翠，花成伞序，红白等多色，花期3~10月，常开不败，其性耐寒耐旱。

多在空旷地生长，朴素淡雅，不雍容华贵却格外出尘。

花语为纯洁的不计回报的爱，大胆低沉而又可靠的付出。

46 无花果：芸娘

无花果，这名字很残忍。那些粗枝大叶的植株，急匆匆晃过这个夏天，不开一次花就结了果，甚至连一次凋零都省略了，凭什么？

女人花，谁不想怒放？平日里，那些小门小户的女儿们青衫绿袄地躲在房里，大门不出二门不迈，却也总要挑一个晴朗的好日子向珠帘外的街上落几眼吧？何苦把自己关在阳光之外，误了佳期也还闭门谢客。

查一下资料，懂了。谁说无花果不懂绽放？它只是把美丽藏在心里，只有懂它的人闻得到香。它的花，从含苞的那一刻起就藏躲深闺。花房厚重，把那些美死死卡在摇篮里，蜜蜂会从花房下部咬开小洞，缩了身子挤进去使花受精，然后，那些花，便暗无天日地一个人妩媚着。

于是我相信，所有的花都是痴情女子。拒绝绽放，是最经典的等待。那些等待，静得仿佛可以听得到阳光从屋檐滑落的声音；那些等待，放肆地、大把大把地香着。

灰褐色的花房干瘪着枯皱着，不仔细端详就不知道它有多美丽；不打开，也不会知道它有多甜。维吾尔语称无花果为“安居尔”，意为“树上结的糖包子”。

想想就甜得牙疼。

它的朴素显然有些过分，甚至不惊扰任何眼球。像一些敛着眉眼的女子，一生安于寂寞，懒得声张。不招摇，不艳丽，她们穿梭于井台和灶间，漂洗、蒸煮、晾晒，把那些平实的日子收整得干干净净、稳稳当当。直到容颜老去、花季谢去，一颗香甜的种子便落在凡间。

它的心，是血红色的，鲜艳得仿佛在跳动。而那些日子，却毫不奢华。

情若无花，即便是淋过了秋雨也默默地矜持着。不开花，就不会招惹蜂蝶惊扰，甘心做她的小女人。懂的人，自然会留心她的美丽；不懂的人，错过也不可惜。

像不像偷偷藏了暖粥小菜给小情郎，徒惹亲邻取笑的芸娘？

芸娘不声张，却足够雅致；不金贵，却足够淑女。林语

堂作《浮生六记》的英文版时曾在序言中写道："芸，我想，是中国文学上一个最可爱的女人。"能让大文豪心生欢喜怜爱的女人，该有多明媚鲜活？那是中国传统美学意识里最丰润的女性的化身吧。

不讨巧，不乖张，甚至是沉默和安静的，却又一个人暗暗灵巧艳丽着。丈夫生病，她吃斋念佛；丈夫玩花弄草，她剪枝招蝶；丈夫吟诗她唱和，算得上夫唱妇随，"他年当与君卜筑于此，买绕屋菜园十亩，课仆妪植瓜蔬，以供薪水。君画我绣，以为诗酒之需，布衣菜饭，可以修身，不必作远游计也。"如此坦荡安然，实在是不必开花也迷人了。

闲暇时相夫以敬，嬉戏时又多有新奇之举，丈夫不喜的食物，她甚至要赖也要让他吃下，而当家资拮据之时，自己带病刺绣贴补家用，既待客接物识大体，又吃苦耐劳贤惠之极，"其癖好与余同，且能察眼意，懂眉语，一举一动，示之以色，无不头头是道。事上以敬，处下以和，井井然未尝稍失。"可爱、温柔、调皮、聪颖、乖巧、勤劳、守拙、安然、无争，如此谦谦女子，谁不惜爱？

芸娘几乎就是所有贤淑女子的合体了，安静、活泼、淡雅，乖巧灵动又知冷知暖，亦能写出"秋侵人影瘦，霜染菊花肥"这样的美句子。写诗、赏花、下厨、耕织无一不精，受了公婆的委屈不辩白不申诉，安静得让人吃惊，贫贱日子里过得诗情画意，丈夫沈三白说，"芸娘虽为女流，却具男子之襟怀才识”，果然不假。

不开花是一种自信，不必费力讨好谁，已是这边独好的风景。

好吧，这样的女子，不必开花，已是果实累累了。

无花果：又名阿驵。桑科榕属的热带植物，小型乔木，株高3米~5米，枝杈重生，树皮灰褐色，粗壮。叶互生，叶质若纸，花苞中结果，花孕于花苞中，常错觉此树无花而直接生成果实，故名。

无花果朴实素雅，果实甜蜜异常，象征内敛含蓄的温柔和甜美。

47 凌霄：陈圆圆

寻常日子，说穿了，不过是些丢进纸篓的日历页，和一段烟熏火燎的晨昏交替。用回忆颐养天年，看那些砖石缝洞间坚强爬出、努力伸展的藤蔓一天天长大，身边若是恰好有一池吹皱的水，猛回头，于是，便目睹了一场青春轰然老去。

阳光下的城市，车水马龙又空空荡荡，等红灯的片刻，向车窗外瞥去，立交桥的桥墩上，总是争先恐后地攀爬着一些绿色的生长印迹，似乎无依无靠细细柔柔，却又那么固执地一路向上。

老家的墙头屋角，也随处可见那样匍匐着的顽强和茂盛，它们一声不响地低着头爬啊爬，既不惹眼又让人无法忽视，似乎所有的生命意义都熬在这样的坚持里了，却又过得逍遥自在安然自得。淡然得不动声色，又儒雅得让人肃然起敬。它们甚至连枝杈都没有，柔若无骨又风姿卓然，实在是让人心生敬佩。

据说，那些坚韧生长的藤蔓叫凌霄花。

我奇怪，这样一个气壮山河的名字，只懂依附，顺势生长，基础不过是一截矮墙或是一片竹篱笆，如何凌霄？倒是朋友一句话很是说到痒处："陈圆圆的名字也弱弱小小，却实在是斩钉截铁的硬。"

望着眼前疯长着的绿，心里便开始咀嚼这样一个傲视群伦盛气凌人的名字。

也许是一次别有意味的挑战，或者是摆脱拘谨的诗意存在？

至少，它有着响当当的底气。

于是，心生钦佩敬意。

当年的金陵八艳，昆山名姬，殊色秀容，花明雪艳，能歌善舞，色艺冠绝，陈圆圆可谓一枝独秀占尽风光。当年的崇祯帝被李自成的大顺军搅得惶惶不可终日，甚至夜不能寐，于是，近臣田畹遍访江南，猎寻绝色以解帝忧。秦淮的无边风月之上，圆圆一曲霓裳羽衣田畹便醉其姿色，据为己有。

不久，大顺军剑指中都，崇祯帝命吴三桂扼守山海关，临行之时，田畹为吴饯行，宴中命圆圆以舞祝酒，于是吴三

桂抱得美人归。东征路上，二人鱼水以沫，举案齐眉，一时红妆伴剑，人间佳话。

李自成攻进京师之后，圆圆与吴三桂的父亲都成了李自成的阶下囚，大顺军的猛将刘宗敏偶得圆圆，迷其美色，遂成好事。

吴三桂这个名字，多少与“卖国贼”有些摘不净洗不清的关联，于是，多少总让人有些反胃的意思。倒是“恸哭六军俱缟素，冲冠一怒为红颜”，让人见识了吴三桂的热血豪胆、男儿本色。

刘宗敏霸占了圆圆之后，原已决定投降李自成的吴三桂拍案而起，勃然大怒，“大丈夫不能自保其室何生为哉！”于是，投给大顺军的降书墨汁未干便转投清廷。李自成暴怒，将吴父与吴家近百口人全部鸠杀。吴三桂得知，大开山海关门户引清军舍命追击李自成，为报杀父夺妻之恨，可算是个真性情的男人。李自成本已攻克京都，龙椅就在眼前，却因为一个女人功败垂成。

吴三桂杀回京城，欲将圆圆立为正妃，圆圆以秽身失洁，羞于伴圣为由，盛妆面辞，在五华山华国寺长斋绣佛，在一个人的云间烟火里，修水色禅心。

一介武夫的吴三桂，因为女人成就了本色男人。而陈圆圆，甘心在吴三桂大红大紫之时悄然退场。柔弱女子，却刚烈得像依附在墙上的凌霄花，弱中带刚，坚持本色。

凌霄花又称“紫蔚”，同样的旖旎无限，《本草纲目》中说它“凌霄野生，蔓才数尺，得木而上，即高数丈”，宋代贾昌期赞曰：“披云似有凌云志，向日宁无捧日心。珍重青松好依托，直从平地起千寻。”

吴三桂死后，陈圆圆亦自沉于寺外莲花池。一代名姬，大起大落，大悲大喜，让整个中国历史都为之动容，而冲冠一怒为红颜的吴三桂，也因此丰满和可爱了许多。

“不道花依他树发，强攀红日斗修明。”宋人杨绘的这一句倒是恰如其分地勾勒出一个活生生的陈圆圆。

在最美的刹那凋零，也许才堪称绝响，才更让人动容。凌霄花仅用一个名字就解决了很多问题，而一些貌似比它强大百倍的花花草草、枝枝蔓蔓，最终却遗憾地被问题解决掉，它先天不足，却仅用3个字就轻易地把生命里一些挣扎着的丰满和坚韧一网打尽。

在它的旁边，桃花灿烂。

凌霄：别名紫葳、五爪龙、芰华、藤罗花。落叶攀援藤本植物，虽为蔓爬植物，却有木质的茎，表皮枯褐色。叶对生，花萼如钟，花朵里面鲜红色，外面橙黄色，长约1.5厘米。花冠内面鲜红色，外面橙黄色，长约5厘米。花期5~8月。

以其孤高傲拔的性情象征着不坠的声誉和清高自持的品性。

48 玉兰：苏小小

人说，玉兰树太清高了，清高得不食人间烟火，以至于太多的植物也自惭形秽，离玉兰远远的。

健壮又不失文雅，大气还妩媚，古人说的“绰约新妆玉有辉，素娥千队雪成围”真的太逼真了。这还只是形似，“竹外一枝，春意如许。碧皱沿堤，柳桥花坞。问何人解有，玉兰能赋。胸中凛然冰雪，任蛮烟瘴雾不须惊”就形神兼备了。是玉兰不屑与他人为伍，还是没有什么花敢与玉兰的清洁比肩？

玉兰花开的时候，整个世界还很冷清安静。春刚刚露出头，柳啊槐啊还没来得及放出些绿色来，一夜风过，玉兰已经开了个花团锦簇，甚至连自己也还没抽出空来养几片叶子。

越冷越是艳得惊心动魄，香得如痴如醉。高大魁梧的身段昨晚还光秃秃，一夜之间就变得曼妙多姿我见犹怜了。那花不是一点点地开，而是突然就炸开成海碗大小的丰艳，孤高冷傲又不近烟火，惹得路人不免仰了头，叹一声，春天真好。“千干万蕊，不叶而花，当其盛时，可称玉树”，这形容真是精辟。

第一次见到白玉兰，是在苏小小墓旁。那时候，西湖还很破败，远没有如今风光。

小小的墓只是座亭子。亭旁空旷得让人几乎心疼这寸土寸金的文化名城里居然闲着这么大一块。是啊，人们说，它的旁边不容杂草丛生，那高洁冷傲，让人倒吸一口冷气。

嫉杭州人嫉才。杭州，是个老天都眷顾的地方，中国历史上那些响当当的人物，都或多或少地与杭州有些不解之缘。才子佳人，红男绿女，无不放眼留足，在杭州的青石巷弄里穿梭来去，面含深思的表情。断桥流水，白堤含香，绿鬓朱颜，六朝粉黛，西湖边上的霜风露月把持着中国文化中最灿烂的部分，而一些可以归于安逸的景致，天生携有一些历史的命题和脂粉魅力。比如慕才亭，几根单调的木柱便风风雨雨立了若干年，危而不倒，全凭信念支撑。

“男人静倚吊小小，女子去步向白堤。”游杭州，这几乎是不成文的规定。唐代大诗人李贺一句“无物结同心，烟花不堪剪”把苏小小这个名字搅得妇孺皆知人神俱叹。而说到底，一个19岁便撒手西去的如花名妓能得到如此垂青，便是“我见犹怜”这4个字在作怪了。

不许美人见白头，天底下煞风景的事林林总总，最难容忍的便是美人迟暮红颜皓首。苏小小千娇百媚、林黛玉一般柔弱地死在一个恰好青春的年纪里，搓手感叹之余，“红颜薄命”便是其赢得尊贵并被后人津津乐道的最直接的理由了。苏小小在红尘静世里只随性走走，便轻轻松松地绕过宗教和道义，躲开世俗和争扰，虽难免俗，却不作态，枯荣自如，超然淡定，如此贴近本真，清晰得红尘失色，绝艳得瘦水生春。

“燕引莺招柳夹途，章台直接到西湖。春花秋月如相访，家住西泠妾姓苏。”当年，纱罩细腰粉着面的苏小小，便如此浅吟低唱着在西湖两岸香车来去，以至于现如今所有关于苏小小的画作里，都要在背景深处描上一辆油壁香车。娇小的女人，除开团扇罗裙，自应有车相伴，便如名士配玉帽、壮士挎腰刀。

书生阮郁有幸与小小数月相知，然名门子弟与一介歌妓之间任何谈婚论嫁的梦都注定是一场悲剧，门当户对是封建儒士们最最看重的等级规范，便由此，已在史上演出了多场意外和唏嘘，苏小小也不例外。自以为身在红尘心在天，其实一介女子，何可脱俗？阮郁难违父命，与小小生离，一段情海虐债风月难偿。小小一句“梅花虽傲骨，怎敢敌春寒?”不露痕迹地给了世俗一记响亮的耳光。

再遇鲍仁，小小倾囊以助，待鲍仁功成名就再来杭州，小小却红花新败，香殒西湖。鲍仁大恸不已，立慕才亭，树小小墓，从此阴阳相隔，十载青衫频吊古，一抔黄土永埋香。

徐文长有诗：“一抔苏小是耶非，绣口花腮烂舞衣。自古佳人难再得，从今比翼罢双飞。”杭州花红柳绿，西湖水色翻飞，历来佳人招惹美人垂青，白蛇、小青、甚至祝英台，任是哪一个都比苏小小来得惊心动魄曲折感人，可是凭什么，一水西湖秋枫美，却偏偏让苏小小抢了风头?

细细想想，大多是感动于“浮云流水且自去，莫阻寒月浸吾衣”的挥洒自如。些许安然，淡淡随意，不染市嚣的清丽，难惹纷争的出尘，静中带动，性法自然，不动声色地把一个小女人做得地地道道活灵活现，童趣不失，真情款款;大本色，大自我，波澜不惊却细水长流，那般水到渠成的美轮美奂，如此露洒西槛的亦幻亦真。

余秋雨说她是茶花女一样唯美的女子，而一介女子，除了美，还能把握什么?小小无力回天，她却实在无可挑剔把一副美卓然地公布于众。鄙高官，恋真情，去做作，回朴真。一个有血有肉的小小，只微微一笑，便把那些高喊“我要自由”的凡夫俗子们比得寒碜低俗。正如小小的自言自语："豪华非耐久之物，富贵无一定之情，入身易，出头难，倒不如移金谷之名花，置之日中之市。嗅于鼻，谁不怜香？触之目，谁不爱色？朝双双，暮对对，野鸳鸯不殊雎鸟；春红红，秋紫紫，假连理何异桃夭。今日欢，明日歇，无非露水；暂时有，霎时空，所谓烟花。"

这样空透，直追禅意深远，由此，诗不甚巧貌非羞花的苏小小，岂不让那些高堂危坐刻苦修行之辈汗颜？

"如此高花白于雪，年年偏是斗风开。"苏小小殊丽清绝，简直离佛不远。更难能可贵的是，最终挥一挥衣袖，不带走一片云彩。她是死于病，而不是死于情，比起白娘子的刚贞，又凭空多了些婀娜。

那些微闭双目在墓前静立，然后侧身踱过的后人，常是在心底里粗粗梳理一番，带着静谧的遥忆和"桃花流水窅然去，油壁香车不再逢"的生不逢时之慨抽身而去。小小墓前很少有高声谈笑，或是因为怕如此的粗俗惊扰了冰清玉洁的佳人美梦吧。

苏小小习惯沉默，那我们，也不妨沉默。沉默在这里丝毫不显单调空洞，反倒是极其配合了苏小小的淡漠。那静寂似乎烟光一闪，已穿越千年，把一般风月无情，化做一片烟雨江南。

玉兰： 花白如玉，花香似兰，故名。别名白玉兰、望春花。木兰科落叶乔木。花白色至淡紫红色，大型、芳香，花冠杯状，先叶开放。直立，钟状，芳香，碧白色，有时基部带红晕。聚合果，种子心脏形，黑色。花期10天左右，花团锦簇，远观洁白无瑕，妖娆万分。

玉兰寓意高洁孤傲，冷寂不争。

49 柳：柳摇金

读不够雍陶的“从来只有情难尽，何事名为情尽桥。自此改名为折柳，任他离恨一条条”，干净清爽又活灵活现。那些津口送别的旅人们折下新柳以寄相思，于是，那软柔柔的柳似乎也带了乡情和挂念，绿得让人落泪。

从《诗经》的“昔我往矣，杨柳依依”起，柳就和着送别的拍子，是兰舟催发的副歌和伴唱。“柳”者，“留”也，故而古人习惯折柳为留，叙一叙依依不舍之情。倒是柳，一年年春风来时，不急不缓地绿着，在风里摇得婆娑，绿得有多热烈，也就有多伤心。

“人世死前惟有别，春风争拟惜长条？”李商隐该是柳的知心人，人生一世，除了死，只有离别最苦。江边河边的看吧，那玉一般迎风扶摆的柳枝，哪一根上不落满了相思？

明明是一棵树的模样，却满枝的柔情蜜意，软得让人心颤。所有挺拔的意味都被一树随风轻摆的枝条掩盖得悄无声息，你甚至会感觉用“婀娜”来形容一棵树会不伦不类，可是柳，偏偏就这么妩媚。

妩媚里带着离别的不舍，和疼。

山城无处不飞花，寒食东风御柳斜。
日暮汉宫传蜡烛，轻烟散入五侯家。

韩翃的这首诗在当时是广为传咏的，连皇帝也褒奖有加。有一次朝中开缺了一个文职，唐代宗忽然想到了韩翃，于是御笔一挥，把这个职务给了韩翃。当时有两个韩翃，一个是名妓柳摇金之夫，另一个是江淮刺史，为了辨别身份，诏书上特别声明“赐‘山城无处不飞花’之韩翃”。

韩翃由此从一个郁郁不得志的小文人成了行走皇宫大内的机要秘书。

若干年前，韩翃屡试不第，心灰意冷，曾寄居长安富豪李宏家中。李家有歌伎柳摇金，丽质秀艳无双，娴雅多姿又通晓翰墨。柳氏欣赏韩翃之才，暗生情愫。李宏素有孟尝之风，不仅把柳摇金嫁给了韩翃，还资助其进京赶考。韩翃春风得意，高中榜眼。随后安禄山兵变，韩翃随军出征，留柳氏在家空守。作战的间隙，韩翃派人探望柳氏，并带了一首诗：

> 章台柳，章台柳，昔日青青今在否？
> 纵使长条似旧垂，也还攀折他人手！

柳氏亦赋诗一首回寄：

> 杨柳枝，芳菲节，苦恨年年赠离别，
> 一叶随风忽报秋，纵使君来岂堪折。

柳枝年年绿，离人却不知归程，长安失陷，柳氏无奈之下剃发为尼以求自保，仍被人掳去。韩翃得胜归来之时，早已是柳在人不见，只有落日晖了。

好友虞候许俊探听得到柳氏被大将沙叱利收在府中，一怒之下策马闯进沙府将柳氏抢出来。

历尽劫波，离人又聚。古往今来，此为最大之幸吧？

有情人终得团圆，永远是传奇故事里最催泪的桥段。毕竟自古离恨太多，风波太恶，能合卷时展颜一笑，已是妙不可言的完美。

这个姓柳的女人，像一株河边的柳，看淡了风华逝去，年岁老去，离人归去。一年年老了，也一年年安然了。

会得离人无限意，千丝万絮惹春风。世上还有谁能比柳更懂离别?

那叫《章台柳》的书，说的不是一场流离的爱情，而是一株柳，在三生河上站了不知多少年，不说话。

柳：落叶乔木，喜温湿之地，生长迅速，高达20米，枝细长，柔软下垂，叶翠绿，密附于枝条互生。体态悠然秀美，有“树中淑女”之称。

“柳”与“留”通。古时多植于岸边，送别时常折柳枝为信物，寄托相思之念。

50 蒲公英：孟玉楼

谁说秋天都是悲剧？你看，蒲公英飞得多欢脱；谁说花谢是一种完成？对蒲公英来说，那才是刚刚开始。

没来得及好好回味花开的喜悦，就很满足地把身子托付给秋风，于是纷纷洒洒，霸占了整个秋天。

要的就是一个自在随性。

那些弱不禁风的细碎苞子毫不喧哗却又足够兴高采烈，像是要回娘家的贫困人家的乖孩子，年节已过，一声不响地收拾起红妆，换上粗布衣衫，小门小户地各回各家了。

雪还远，整个秋天都是蒲公英的好日子。

无根也是幸福，挣扎本身就是一种艺术享受，何必定是要有家可归？天涯芳草才是大洒脱。诗人不是说过吗：“若为自由故，二者皆可抛。”从来就不是流离失所，生命的根底里，更向往自由。江湖子弟天涯老，不到最后关，绝不肯化做尘泥，既然学不会花间蝴蝶的热闹，就没心没肺地飘。也挺好。

连风都抗不住的蒲公英，骨子里是傲气冲天的，甚至连煞了黄菊金桂的秋都拿它没办法，只得任它那般自在得意。

不是贞妇，也不是烈女，简直就是顶天立地的女中丈夫了。

像孟玉楼。

《金瓶梅》似乎是部让人不好意思的书，淫者见淫智者见智，那些栩栩如生的烟火女子或为金银或为衣冠，争得你死我活机关算尽，只有孟玉楼既不贞烈又绝不流俗，以一个半老徐娘的寡妇身份出场，却是不甘心靠着一块牌坊守到终老，“青春年少，守他什么！”“斯文诗礼人家，又有庄田地土”的尚举人她并不放在眼里，倒是喜欢上了一表人才的西门大官人，西门庆来相亲时，“行走时香风细细，坐下时淹然百媚”，一句话写尽她的淡定从容和妩媚。

虽然身世孤苦低微却不低三下四，还要“二顶大轿，四对红纱灯笼”敲锣打鼓地嫁过去。

过了门，并不受宠。这也无妨，坦然处于众多妻妾的周旋之中安于自在，待西门庆暴死，女人们各寻了出路去了，孟玉楼还是淡然不乱，“何苦耽搁了奴的青春，辜负了奴的年少”，理直气壮地第三次嫁人。

她不像春梅那样黏着人不放，也不像金莲那般以色迷人，更不想似吴月娘守着三从四德，恪守妇道地逆来顺受。她只是以不变应万变，合着心的自由。作为女人，她不乱不惊，一次次把自己嫁出去，嫁错了也不自怨自艾。合上书，那些耳熟能详的女人们当年无论多癫狂狠毒，却未必似孟玉楼这般好下场。她不守身如玉，却又不乱于理法，蒲公英一样，自由得很有些神仙味道。

能与《红楼》《西游》一同跻身于名著之列，《金瓶梅》并非浪得虚名，虽然更多的人喜欢从哲学层面上解读那些烟火女子，更是把孟玉楼打造成一个抗争封建礼教的好榜样，独立自主的女权先锋，但显然，把她看作是个既不安于现状又不乱于世的小妇人更合着心思。没必要把书中人物往高大上去靠，就是读着孟玉楼的安然自在，说一声“这女人，真自在”，难道不算是得了安慰？

把孟玉楼从新女权意识的解放里解放出来吧，她只是抵着尘世的最底层，是一朵爱飞的蒲公英，既不梅兰竹菊地想标榜一些什么，又不低俗下贱地作践自己。

无拘无束地活着，就足够好。

蒲公英：多年生菊科草本。别名黄花地丁、婆婆丁、华花郎。株高半米，锥状根，头部有棕紫色间或黄白毛茸。花果期4~10月，花开后随风飘散，落地生根。

充满朝气和乐观积极的自由化身，花语是“永不停留的自由和爱”。

后　记

街边的苦楝树一排排俊拔地向上挺着，披针的叶片绿得夸张，浓妆淡抹的紫或是与世无争的白，轻巧缤纷锦簇可人。那些树表情淡定，不招摇，不喧闹，望着荒陌的路也望着路上归人，像一个作者，端详着一些属于自己的文字，它们规整划一，墨迹未干，稚嫩得如婴儿一样吹弹可破。

探出手就与清风对舞，抬眼就望得见浮云，坐可以听流水，行可以御轻尘。

总有新犁的田垄把一粒粒种子掩埋，饱满的期待种下了，也许寻常，却让你爱不释手。

没有一颗宁静的心，是无法与这段日子深入交谈的。文字不断打造梦里乡土，勾引行者的魂灵，而世俗间那些风声雨声又不断拉扯着眼睛，连世俗的柴米油盐也来添添乱，煞煞风景。

可是，总有些日子足可以让你忘了疲惫，因为它可以教会你平静，不是刻意避开如流的尘嚣，而是在心中修篱种菊。那是些舒放的自由，让一颗颗心安抚着，由浮躁转为淡定，便如从闹市深巷里一步踏入古刹禅宗，耳根清净，梵声依旧。

花可闻香，字可嗅美。文字的作用，除了在很久很久以前结束了结绳记事之外，不就是用来茶余把玩，歇一歇脚舔一舔伤吗？

见花神也落泪，对月人更伤心。任是谁都相信一花也是一个世界，都相信即使是一株小草也有着顶天立地的魂。你随便走在路上低头端详或是漠然忽视的摇红流翠的花花草草，都可以随时看到那一颗颗生动的易碎的心。

为那些因为易碎才懂得珍惜的心，留下一些文字，是不是也算是一种欣慰？

是为记。

（请原谅我忽略了所有为了本书的出版而应该虔诚致谢的名单。有一些感激，是文字无能为力的，于是索性不去提它。）

2017年夏于江南烟雨中的小城绍兴